疫病退散

日本の護符ベスト10

島田裕巳

CYZO

はじめに

新型コロナ・ウイルスは、世界中で多くの感染者、死者を出した。社会活動は大幅に制限され、経済には深刻なダメージを与えた。

近年では、グローバル化ということが言われ、人と物、さらには情報が世界をまたにかけて激しい勢いで行き交ってきた。

行き交うなかには、当然のことだが、病をもたらす細菌やウイルスも含まれる。その意味では、新しいタイプの流行病が世界に拡がるのはグローバル化の進展の必然的な帰結だったのかもしれない。

今からちょうど100年前、「スペイン風邪」が流行した。1918年から1920年にかけてのことである。スペイン風邪の正体は「H1N1亜型インフルエンザウイルス」である。世界中で、当時の人口の3分の1、5億人から6億人が感染したと推定されている。

死者の数については、はっきりしたことがわかっていないが、2000万人から4000万人にのぼるのではないかと言われる。日本での死亡者数も40万人近くに及んだ（「日本におけるスペインかぜの精密分析」『東京都健康安全研究センター年報』56巻、2005年）。

スペイン風邪と呼ばれるのは、スペインが発生源だからというわけではない。スペインで大々的に報じられたからで、そこには当時の世界情勢が密接に関係していた。この流行に先立つ1914年には、第一次世界大戦が勃発した。実は、最初にどこから流行が起こったのか、今でも明らかになってはいないのだが、流行を拡大させる上では、はじめての世界大戦における軍隊の大規模な移動ということがかかわっていた。

アメリカが発生源の一つにあげられているが、それはアメリカ軍がヨーロッパに進軍したことで世界的な大流行を生んだという可能性が考えられるからである。

スペインで大きく報道されたのは、スペインが第一次世界大戦では中立国で、報道が統制されていなかったことによる。アメリカや他のヨーロッパ諸国では、軍隊での感染は軍事上の機密に属することであり、自由な報道はなされなかった。

スペイン風邪の流行には、戦争という特殊な状況が影響していたわけだが、世界大戦はグローバル化と決して無関係ではない。歴史を振り返ってみても、それぞれの時代に起こったグローバル化が、大規模な感染症流行の原因になってきた。

たとえば、14世紀のヨーロッパで猛威をふるった「黒死病」の場合、発生源については中国説もあれば、中東説もあり、やはりはっきりしない。ただ、モンゴル帝国がその勢力を拡大していき、それによって東西の交易が盛んになったことが、流行を拡大させる原因になったと考えられる。

あるいは、15世紀の終わりに、コロンブスがアメリカ大陸を「発見」したことで、ヨーロッパやそれと地続きのアジアで流行していたペストや天然痘、コレラや結核などが新大陸にもたらされ、多くの感染者、犠牲者を出した。一方で、梅毒などは、その際にアメリカ大陸からヨーロッパへもたらされたとも言われ、これは「コロンブス交換」などとも呼ばれるが、どこまで真実かは明確には明らかにされていない。

日本でも、古代に朝鮮半島から渡来人がやってきたことで、天然痘が流行した。天然痘は「疱瘡《ほうそう》」と呼ばれ、その流行はその後も繰り返された。

なお、天然痘は人類が唯一根絶に成功した流行病である。逆に言えば、それ以外の流行病については根絶できていないことになる。新型コロナ・ウイルスも根絶は不可能だ。

今日では、流行病が起こったとき、その原因となる細菌やウイルスを突き止めることが可能になっている。新型コロナ・ウイルスも、当初から、その正体は判明していた。

しかし、科学が発達していない古代では、細菌やウイルスについての知識はなく、その原因をつかむことができなかった。

したがって、そうした時代には、神仏にその原因が求められることとなった。その痕跡は、神話のなかに見出すことができる。

たとえば、『日本書紀』には、伊勢神宮に天照大神が祀られる経緯について述べられているが、そこには流行病、疫病が関係していた。

第10代の崇神天皇5年のこと、疫病が流行し、多くの死者が出た。次の年には、百姓が離散し、背く者も出てきた。

そこで、宮中において天照大神と倭大国魂神《やまとおおくにたまのかみ》（日本大国魂神）の二つの神をともに祀っていたのがさまざまな禍の原因であるとされ、この二つの神を宮中の外に祀ることになる。

天照大神については、豊鍬入姫命《とよすきいりひめのみこと》に預けられ、倭の笠縫邑《かさぬいのむら》に祀られた。ところが、崇神天皇の後を継いだ垂仁天皇の25年3月、天照大神の祀り手は、豊鍬入姫命から垂仁天皇の第4皇女である倭姫命《やまとひめのみこと》に代わる。

その際、たんに祀り手が代わっただけではない。倭姫命は、天照大神を祀る場所を求めて、大和国から近江、美濃を経て伊勢の国に至る。伊勢に至ったところで、天照大神は、「是の神風の伊勢国は、常世《とこよ》の浪の重浪帰《しきなみよ》する国なり。傍国《かたくに》の可怜《うま》し国なり。是の国に居らむと欲《おも》ふ」とのたまい、伊勢に祀られることになる。当時朝廷のあった大和から伊勢まではかなり離れている。天照大神は、朝廷のある場所から遠ざけられたとも言える。

一方、倭大国魂神については、渟名城入姫命《ぬなきのいりびめのみこと》に託されることになるのだが、この姫は髪が落ち、やせ衰えて神を祀ることができなかった。

そこで天皇が浅茅原に出向いて、神々に対して占いを行うと、孝霊天皇の皇女、倭迹迹日百襲姫命《やまとととひももそひめのみこと》が神憑りして、大物主神のことばを伝えた。自らの子、大田田根子によって自分を祀らせれば、国は治まるというのである。

さらに3人の人物が同じ夢を見る。その内容は、大田田根子によって大物主神を祀らせ、市磯長尾市《いちしのながおち》をもって倭大国魂神を祀らせれば、「天下太平《あめのしたたひらか》なり」というものだった。そこで、大田田根子という人物を探し出して、大物主神を祀らせ、市磯長尾市という人物に倭大国魂神を祀らせると、夢のお告げの通り、疫病は鎮まり、国内はようやくおさまったというのである。大物主神が祀られたのが現在の大神神社で、倭大国魂神が祀られたのが大和神社である。

これは神話であり、歴史的な事実をどの程度反映しているかはわからない。しかし、天皇家の祖とされる天照大神が伊勢に祀られるまでの経緯に疫病がかかわっていたとされることからは、疫病が古代の人々の多くの命を奪ってきたことが推測される。

こうした物語について考える際に重要なのは、威力のある神は、正しい祀り方をしなければ、疫病のような祟りをもたらすと考えられていた点である。

逆に言えば、疫病をもたらす強力な神を丁重に祀るならば、疫病を退散させてくれる力を発揮するということである。古代の日本人は、疫病を神の力によるものととらえることで、なんとか病に対抗する手立てを見出そうとしたのである。

天然痘に関しては、それを擬人化し、「疱瘡神」として祀ることが行われるようになる。疱瘡は、疱瘡神がもたらすものとされたため、疱瘡神が憑く依代《よりしろ》を用意し、それを村の境まで運び、境の外に放置するといったことが行われた。

こうした疱瘡を含む疫病に対しては、もう一つ、重要な手段として用いられたのが護符を用意するというやり方だった。

この本では、そうした護符のなかで代表的なものを10種類取り上げることにする。

新型コロナ・ウイルスの流行では、人が集まることによって感染が拡大するとして、神社仏閣教会といった宗教施設が閉鎖されたり、開場時間が制限されるといった事態が起こった。あるいは、祭や神事などの中止も相次いだ。

宗教者のなかには、毎日、ウィルスの流行がおさまるよう祈願を続けている人たちもいる。だが、一般の信者の場合には、祈りの場を奪われてしまっており、そうした祈願に加わることもできない。

象徴的なのは、毎年7月に行われる京都の祇園祭が中止された出来事である。祇園祭は、もともと、平安時代に京都で疫病が流行したのを鎮めるために始められたものである。それが、新型コロナ・ウィルスの流行によって中止に追い込まれてしまったのだ。

現代の考え方からすれば、それは当然の措置である。祇園祭に多くの人たちが集まれば、それは感染を拡大させることにつながりかねない。止むを得ないということになる。

宗教施設において、あるいは祭などを通して、流行病の鎮静化を祈ることができないのであれば、ここは護符に頼るしかない。

もちろん、科学的に考えれば、護符に病をおさめる力があるとは考えられない。

だが、祈るには、何らかの対象というものを必要とする。祈る対象があることで、祈る側の気持ちも高まり、自分が今何を強く願っているのかを改めて確認することができる。

いったい、疫病除けの護符にはどういったものがあるのか。その由来は何か。

これから私たちは、「疫病退散」の護符の世界に足を踏み入れることになる。

もくじ

はじめに 2
1 角大師 15
2 牛頭天王 33
3 蘇民将来 47
4 天刑星 63
5 鍾馗 77

6 虎狼狸 91

7 アマビエ 103

8 件 119

9 摩多羅神 133

10 源為朝 147

まだまだ 160

あとがき 170

1

角大師

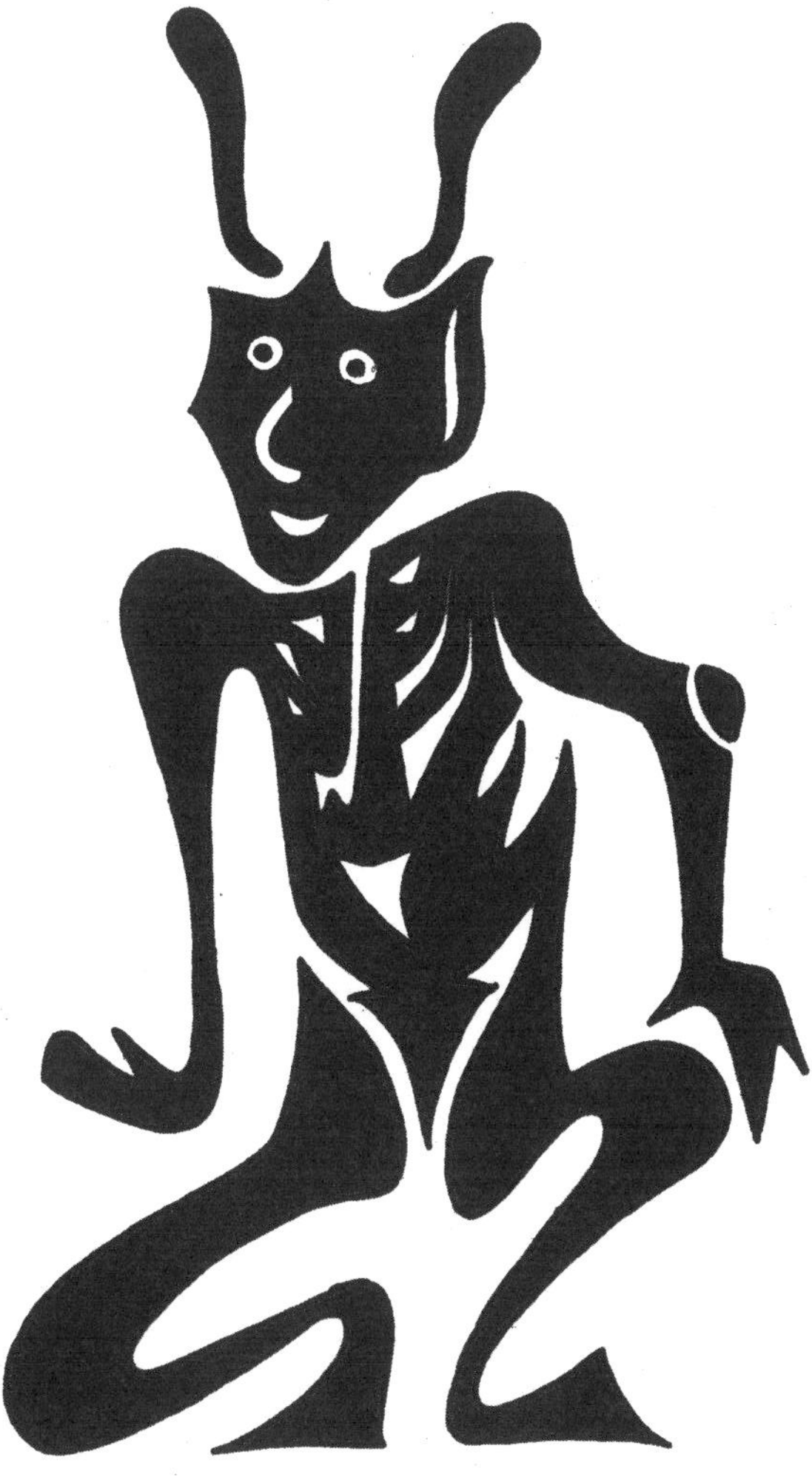

元三大師に縁の深い寺社で授与される角大師護符

角《つの》大《だい》師《し》

効能：疫病除け、願望成就

出現時期：10世紀（平安時代）〜現代

使い方：門口などに貼る。

特徴：天台座主として比叡山復興に尽くしその「中興の祖」と呼ばれる良源（元三大師）が疫病をもたらした厄神を瞑想により弾きだしたのち、瞑想姿を弟子たちに写し取らせ、摺って護符とした。

出現場所：比叡山、日本各地

類似：豆大師、降魔大師（鬼大師）

疫病除けの護符として代表的なものが、「角大師」と呼ばれるものである。角大師は夜叉の姿をとっていて、頭には二本の角がはえている。角は頭の上にはえているようにも見えるし、眉のところからはえているようにも見える。からだはやせ衰え、骨と皮ばかりになっている。

角大師は相当に変わった姿をとっていることになる。からだがやせ衰え、骨と皮ばかりになっているということでは、釈迦の苦行像が思い出される。出家した釈迦は、師匠について5年間にわたって苦行を続けたという伝説があり、それを仏像として描き出したのが苦行像である。

苦行像の顔はやせ衰え、あばら骨が浮き出ている。腹は、食べていないせいだろう、すっかり落ち窪んでしまっている。こんな姿で生きられるものだろうか。そんな疑問もわいてくる、壮絶な仏像である。

しかし、角大師は釈迦がモデルというわけではない。角大師は「元三大師」とも呼ばれ、それを異名とする慈恵大師良源が、そのもとになっている。

良源は、延喜12（912）年に近江国浅井郡虎姫（現在の滋賀県長浜市）に生まれた。木津氏という豪族の出身だとも言われる。

12歳のときに比叡山にのぼった。比叡山を開いた最澄の直系の弟子ではなかったようだが、優れた才能を持っていて、奈良の南都六宗の僧侶たちとの論争でも相手を論破してしまい、比叡山においてめきめき頭角を現していった。そして、康保3（966）年には、天台宗のトップである天台座主に就任している。優れた学僧であった。

比叡山延暦寺（滋賀・大津市）の元三大師御影

重要なのは、良源が天台座主として、比叡山の復興に力を尽くしたことである。

良源が第18代の天台座主に就任したのは康保3（966）年8月27日のことだが、それから間もない10月28日には比叡山で大火事が起こり、惣持院、四王院、延命院、講堂といった30もの堂宇が焼失してしまった。

良源は、村上天皇の外戚であった藤原師輔《もろすけ》の助力を得ることで、焼失した堂宇の再建にあたった。さらには、今と比較するとかなり小さかった比叡山の中心、根本中堂を、大規模なものに建て替えるということも行っている。

このため良源は、比叡山の「中興の祖」とされている。

しかも、良源は大変な美形であったとも伝えられている。今風の言い方では、「美坊主」であったことになる。

なぜ美坊主の良源が、角大師のような鬼の姿で描かれるようになったのだろうか。

それは、かなり不思議なことである。

岩崎陽子作の『王都妖奇譚』（秋田書店）という漫画には、良源が登場する。そでの良源は相当なイケメンに描かれており、普段は鬼の面を被っているという設定になっている。

慈恵大師というのは、良源の死後に贈られた「諡号《しごう》」である。優れた功績をあげた僧侶には、朝廷から死後に大師号が贈られた。たとえば、比叡山を開いた最澄には伝教大師という諡号が贈られた。

これに対して、元三大師は諡号ではなく、いつの間にか付けられた通称である。その由来は正月3日が命日だからである。

ではなぜ、元三大師は角大師となり、疫病除けの護符となったのだろうか。

そこには、不思議な伝説がかかわっている。

良源は、満年齢で72歳まで生きるが、亡くなる前の年のことである。一人居室にいて、瞑想をしていると、そこに怪しい者が現れた。

良源が、何者かと誰何《すいか》すると、相手は「私は疫病を司る厄神であります。いま、疫病が天下に流行しております。あなたもまた、これに罹《かか》らなければなりませんので、お身体を侵しに参りました」と言ってきた。

良源は、自分が疫病に罹るのは止むを得ないと、「これに附いて見よ」と左の小指を差し出した。厄神がそれにふれると、良源の全身が発熱し、耐え難い苦痛を覚えた。

そこで、こころを落ち着かせ、天台宗に伝わる瞑想の方法である「円融三諦《えんにゅうさんたい》」を実践し、指を弾くと、厄神は弾き出され、逃げ出してしまった。それによって良源の苦痛は去った。

この出来事があったため、夜が明けると良源は弟子たちを集め、鏡を持ってこさせた。自分の姿を鏡に映すから、それを描き留めろというのである。

良源が鏡の前に座り、深い瞑想の状態に入ると、その姿はしだいに変わり、ついには、骨ばかりの鬼の姿になった。角大師に変身したのである。

弟子たちは、師匠の変わりように恐れをなし、その姿を写すことができなかった。だが、なかに一人、生きながら地獄に行ったことのある明普阿闍梨《あじゃり》だけが、それを写しとることができた。

良源は、それを見て満足し、「これでよい」と、版木をおこし、札を摺るように命じた。「一時も早く、これを民家に配布して、戸口に貼りつけるよう申しなさい。この影像のあるところ、邪魔は恐れて寄りつかないから、疫病はもとより、一切の災厄を逃れることができるのじゃ」というわけである。

実際、札を貼ると、疫病に罹らないですむとともに、病気に罹っていた人たちも全快した。

これが角大師誕生の由来だというのである（この物語については、第一書房から刊行されている山田恵諦『元三大師』を参考にした）。

実は、こうした伝説が生まれたことには背景があった。良源自身に鬼の姿をとると思わせる側面があったからである。

良源は、比叡山のトップになったわけだが、奈良には興福寺があった。比叡山と興福寺は、あわせて「南都北嶺《なんとほくれい》」と呼ばれ、当時の二大宗教勢力だった。南都北嶺には、多くの荘園が寄進されたが、この二つの寺院は、現在の八坂神社の前身である祇園社をどちらが配下におくかで、激しく争っていた。

そのことが、『今昔物語集』のなかに出てくるのだが、良源が祇園社の別当をつとめていた良算という僧侶を追い出そうとして呼びつけたところ、良算は良源の言うことに反抗した。そのため、良源は「弥《いよい》よ瞋《いか》て」という状態になったと述べられている。ほかにも、死後良源の霊が怒りを爆発させたといった話が伝えられている（これについては、畑中智子「鬼大師の誕生：『今昔物語集』収録説話を端緒に」『武蔵野大学日本文学研究所紀要』5号、2017年を参照）。

良源は怒りの人であった。怒る美坊主だったのだ。

そのことが、疫病を払う力を有しているという話に発展していった。厄神がやってきたときのエピソードは、元亨2(1322)年に成立した『元亨釈書』に出てくるものである。

角大師の札は、『元亨釈書』が成立した14世紀にはすでに摺られ、広まっていたようだ。

角大師には、「降魔大師」というバリエーションがある。こちらは、仏像が載るような台の上に、鬼が座っている姿をとっている。違いは、角大師が痩せているのに対して、降魔大師は太っているところにあり、牛のようでもある。これはあるいは、祇園社で祀られてきた牛頭天王と関係しているのかもしれない。牛頭天王については、次章に詳しく述べる。

降魔大師よりもよく知られた元三大師のバリエーションが「豆大師」と呼ばれるものである。これは、米粒のように小さな33体の元三大師の姿を描いたものである。

降魔大師《ごうまだいし》

効能：疫病除け、願望成就

出現時期：10世紀（平安時代）～現代

使い方：門口などに貼る。

特徴：仏像が載るような台の上に、角大師と同じく鬼のような姿で座す元三大師を描いたお札。鬼大師ともいわれる。

出現場所：比叡山、日本各地

類似：角大師、豆大師

豆大師《まめだいし》

効能：疱病除け、願望成就

出現時期：江戸時代〜現代

使い方：門口などに貼る。

特徴：如意輪観音の化身ともいわれる元三大師の小さな像が9段で33体描かれている。33の数は観音菩薩の三十三変身（三十三の姿に変わり人々を救う）の話に通じるもの。

出現場所：比叡山、日本各地

類似：角大師、降魔大師

33という数は観音信仰とかかわっている。観音は、さまざまな姿に「変化《へんげ》」することを特徴としており、その姿は33あるとされる。観音巡礼として名高い「西国三十三所」も、これに由来する。京都の名所、三十三間堂も、同様である。豆大師は、元三大師信仰と観音信仰が習合して生まれたものである。

豆大師については、江戸時代の伝説がある。

寛永年間（1624～1645年）のこと、河内の国の百姓が、元三大師が祀られている比叡山横川《よかわ》の元三大師廟に参詣した。

ところが、大雨が降るようになり、百姓の家の近くを流れる寝屋川が氾濫し、洪水になってしまった。

百姓は自分の田も被害を受けたであろうと覚悟して戻ったが、なんと、自分の田だけが無事だった。周りは、すべて濁水のなかにあったにもかかわらずである。

家に戻って、妻や子に話を聞いてみると、夜明け前の3時頃に、どこから来たのか、童子が30人あまり現れ、田を救ってくれたというのである。

午前3時というのは、百姓が元三大師に対して、田作りの守護を祈っていたときのことだった。百姓は、横川にお礼参りに行ったが、そこから、豆大師の札が作られるようになったというのである（前掲『元三大師』）。

元三大師関係の札は、天台宗の寺院で魔除けとして配布されている。豆大師とセットになっていることも多く、角大師と元三大師良源がともに描かれているようなものもある。

「大師」と聞くと、多くの人たちは、真言宗を開いた弘法大師空海のことを思い浮かべるであろう。

だが、天台宗で大師と言えば、この元三大師のことを指すのである。

◉元三大師にまつわる護符

比叡山延暦寺（滋賀・大津市）の角大師護符

比叡山延暦寺（滋賀・大津市）の降魔大師護符

比叡山延暦寺（滋賀・大津市）の豆大師護符

深大寺（東京・調布市）の豆大師護符

深大寺（東京・調布市）の角大師護符

目黒不動尊・泰叡山護國院瀧泉寺
（東京・目黒区）の元三大師護符

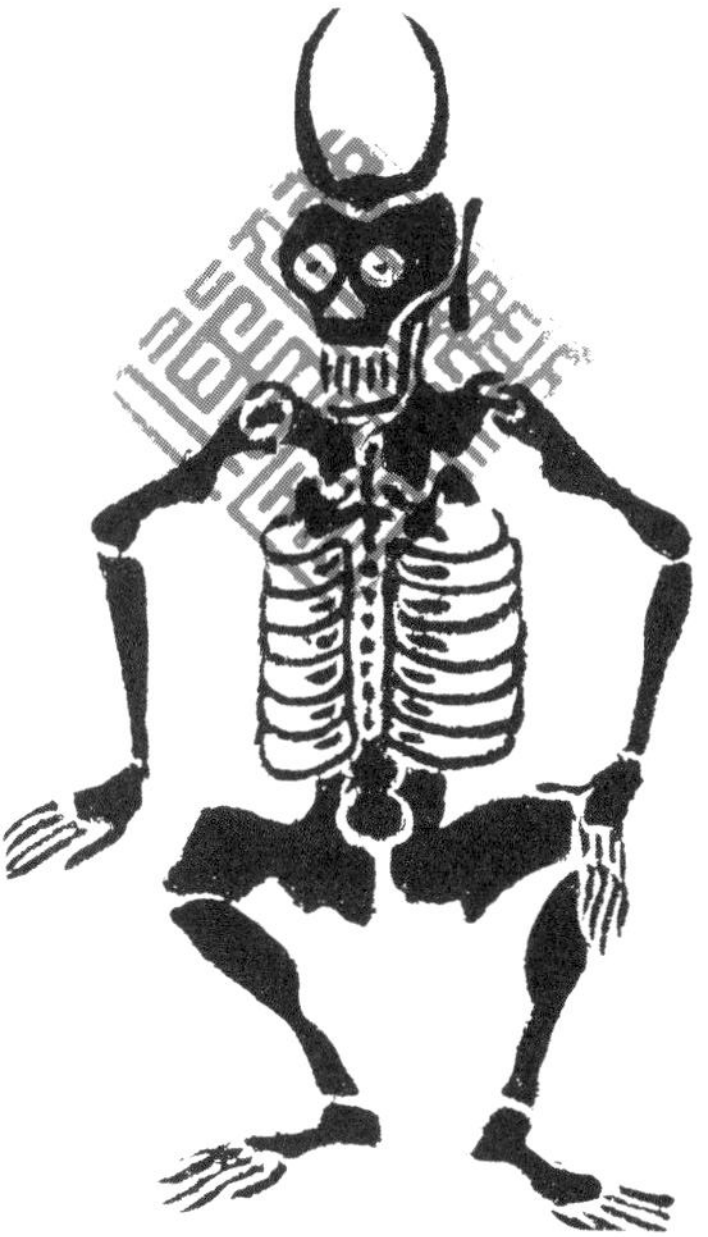

鏡石寺（福島・二本松市）の
角大師護符

31　角大師

2

牛頭天王

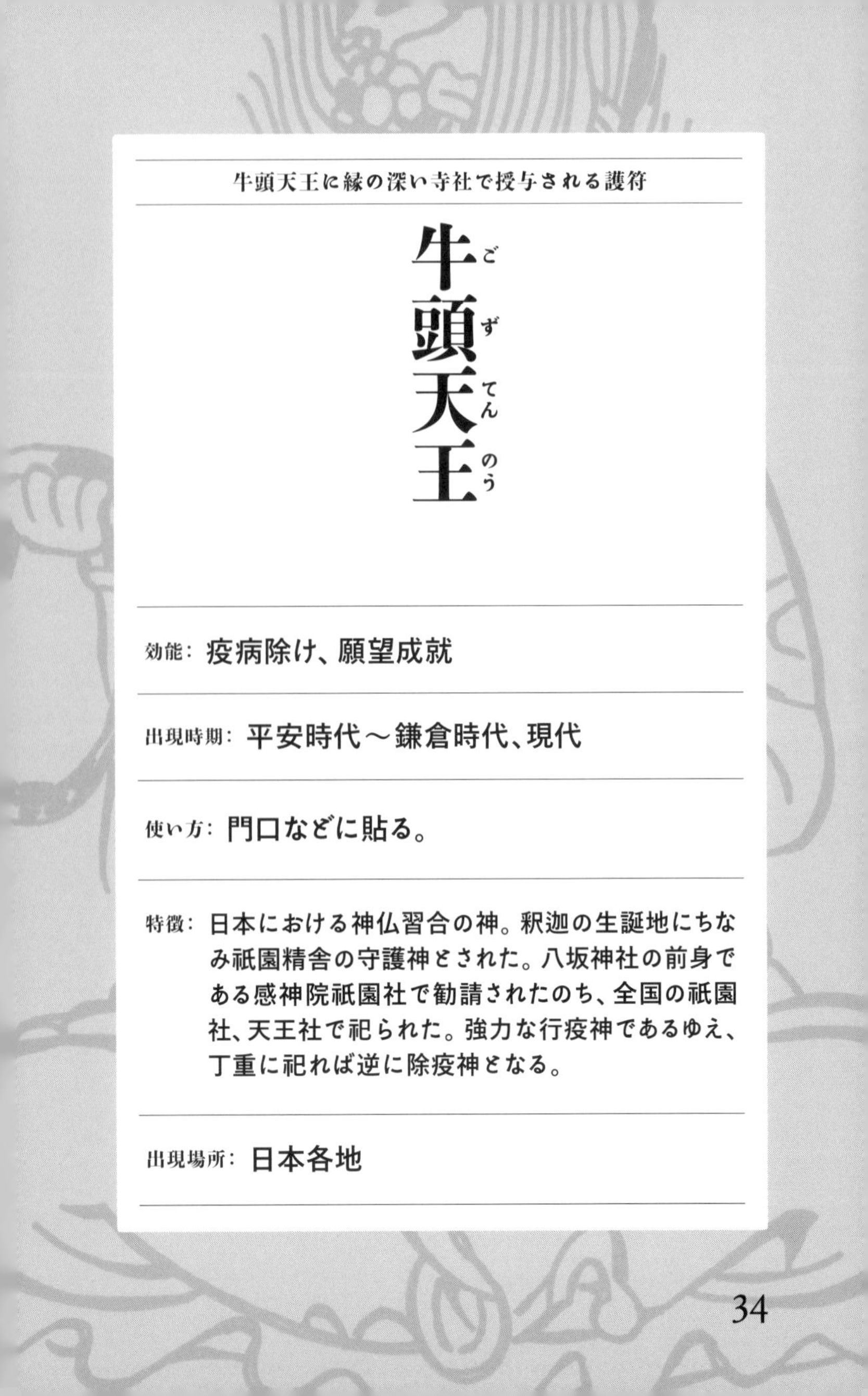

牛頭天王に縁の深い寺社で授与される護符

牛《ご》頭《ず》天《てん》王《のう》

効能：疫病除け、願望成就

出現時期：平安時代～鎌倉時代、現代

使い方：門口などに貼る。

特徴：日本における神仏習合の神。釈迦の生誕地にちなみ祇園精舎の守護神とされた。八坂神社の前身である感神院祇園社で勧請されたのち、全国の祇園社、天王社で祀られた。強力な行疫神であるゆえ、丁重に祀れば逆に除疫神となる。

出現場所：日本各地

新型コロナ・ウイルスの感染拡大で、さまざまなイベントが中止に追い込まれ、それは、宗教界にも及んだ。毎年恒例の祭が中止される事態となっている。

そのなかでも、もっとも衝撃が大きいのが京都八坂神社の祭礼、祇園祭が中止されたことである。祇園祭は、日本の三大祭をあげるとき、必ずやそこに含まれる。祭の期間も長く、7月の京都は祇園祭一色に彩られる。

だが、衝撃だと言うのは、その由来が疫病と深く関係するからである。

現在では、祇園祭のハイライトと言えば、山鉾《やまぼこ》巡行のことが真っ先に思い浮かぶ。山鉾は33基あり、どれも豪奢な飾りつけがなされている。巡行は7月17日と24日に行われ、その前の3日間は宵山《よいやま》と呼ばれる。宵山の期間中、町に出た山鉾には提灯の明かりがともされ、「コンチキチン」の祇園囃子も奏でられる。その期間中には、ほかにも各種の行事があり、巡行にむけて盛り上がりを見せていく。

そこからは、いかにも観光のための祭のように思われるかもしれない。だが祇園祭は、怨霊を鎮めるための御霊会として始まったものである。

御霊会とは、冤罪で亡くなった死者の霊、御霊をなだめるためのもので、御霊はその祟りによって疫病や天災をもたらすと考えられていた。平安時代に入ると、疫病の流行や天災が相次いだ。平安時代に編纂された歴史書の『日本三代実録』の貞観5（863）年の条には、藤原基経と藤原常行を遣わして、神泉苑で御霊会を行ったと記されている。

このときに御霊とされたのは、崇道《すどう》天皇（早良《さわら》親王）、伊予親王、藤原吉子、橘逸勢《はやなり》、文室宮田麻呂《ふんやのみやたまろ》である。ただ、そこが今日の祇園祭に結びつくことだが、御霊会を行う際に、机の上に花果を盛って、『金光明経』と『般若心経』を説くとともに、楽を奏し、奇術や曲芸、物真似といった雑伎や散楽などの芸能を競い、さらには角力、騎射、競馬などの演戯が行われた。これを見ようと多くの人々が群参した。御霊会は、当初の段階から、今日の祇園祭がそうであるように、神事であるとともに、芸能的な要素を伴っていた。

ただしこれは、御霊会であって祇園御霊会ではない。八坂神社の社伝である『祇園社本縁録』には、それから6年後の貞観11（869）年に、天下に疫病が流行し、朝廷の命令を受けた卜部日良麻呂《うらべひらまろ》が6月7日に、諸国の数にちなんで66本の長さ二丈の矛を建て、同じ月の14日に、洛中の男児と近隣の百姓を率いて神輿を神泉苑に送り、そこで祀ったとある。これを祇園御霊会と称し、毎年6月7日と14日が恒例になった。

現在では祇園祭の中心を担うようになった山鉾巡行の始まりは、長保元（999）年に、曲芸や手品を行う雑芸者の無骨という人物が、令和に入っても行われた天皇の即位儀礼「大嘗祭」で用いられる作り物の標山《しめやま》に似せて作山を作り、行列に加わったのが最初であるとされている。ただし、この話にどれだけ信憑性があるかはわからない。

それでも、室町時代の14世紀になると、公家の日記には、毎年の祇園会に鉾が登場したことが記録されている。『祇園社記』という史料には、応仁の乱の前の段階で、58基の山鉾があったと述べられている。

ただ、山鉾巡行は、余興として後に生まれた「付け祭」である。本来の祇園祭は、巡行の後、夕刻から行われる神幸祭の方である。神幸祭には、中御座神輿、東御座神輿、西御座神輿と呼ばれる3基の大神輿が登場し、氏子町内を渡っていく。1000人を超える男たちが神輿を担ぎ、神輿が暴れ狂うので、山鉾巡行とは対照的に、祭は勇壮なものに転じていく。いかにも悪疫退散の祭である。

現在では、中御座神輿には素戔嗚尊《すさのをのみこと》が、東御座神輿にはその妻である櫛稲田姫《くしいなだひめの》命《みこと》が、西御座神輿には素戔嗚尊の8人の子どもである八《や》柱《はしらの》御《み》子《こ》神《がみ》が乗っているとされる。いずれも八坂神社の祭神である。暴れ終えた神輿は、四条寺町にある御旅所に入り、24日の還幸祭までそこにとどまる。還幸祭では、御旅所からそれぞれの氏子町内を通って、八坂神社に戻るが、途中、祇園祭発祥の地とされる御供社《ごくうしゃ》にも立ち寄る。

ここで、「現在では」と書いたのは、明治よりも前の時代には、八坂神社の祭神は別のものだったからである。

そもそも八坂神社という名称自体が、古くからのものではなく、明治以降のものである。それ以前は、祇園社、祇園天神社、祇園感神院などと呼ばれていた。

近年は御朱印を集めることが一大ブームになっているが、八坂神社には、実は「八坂神社」という御朱印はない。あるのは、「祇園社」の御朱印である。

祇園と言えば、『平家物語』冒頭の「祇園精舎の鐘の声、諸行無常の響きあり」が思い起こされるが、祇園精舎はインドで釈迦が説法を行った場所のことである。八坂神社が「祇園社」の御朱印を授け続けているのは、本来そこは仏教の信仰とかかわっており、御朱印を通して、そうした自らのルーツにこだわりを見せているのかもしれない。

八坂神社が鎮座している場所は、以前には八坂郷と呼ばれており、そこには観慶寺という寺院があった。

観慶寺は、官大寺や国分寺に次いで国家から特別な待遇を受ける定額寺となった。ただし、元徳3（1331）年に制作された「祇園社古絵図」を見ると、そこでは祇園社の社殿が大きく描かれている。その西に薬師堂が描かれ、そこに観慶寺と注記されている。この絵図は、寛和2（986）年に遡る可能性のあるもので、その時代には寺の方が衰えて、天神堂の方がむしろ発展していたことを示している。

祇園社の祭神は、中御座が牛頭天王、東御座が八王子、西御座が頗梨采女《はりさいにょ》とされていた。素戔嗚尊や櫛稲田姫命であれば、それは記紀神話に登場する。しかし、牛頭天王や頗梨采女となると、神話に登場する神ではない。どちらも、歴史の途中で、素戔嗚尊や櫛稲田姫命と習合したのである。

なお、現在の東御座には櫛稲田姫命が、西御座には八柱御子神が祀られているので、東西が入れ替わった形になっている。

八坂神社の前身である祇園社の主たる祭神は、牛頭天王であった。

では、素戔嗚尊と習合した牛頭天王とは、いかなる存在なのだろうか。

牛頭天王は、由来が必ずしも明確ではない神格であり、どこからどのような形で生み出されてきたかは必ずしもよくわかってはいない。記紀神話には登場しないし、インド由来の神というわけでもない。また、八幡神のように渡来人が祀っていた神でもない。

牛頭天王は、その名称が示すように、頭部に牛の頭を戴く形をとっている。平安時代から鎌倉時代にかけての「辟邪絵《へきじゃえ》」にも登場する。辟邪絵とは、疫病をもたらす鬼を神が懲らしめるところを描いたものである。そこに牛頭天王が登場するが、主役は善神である「天刑星」の方で、天刑星は牛頭天王を食べてしまっている。後の時代に、牛頭天王は天刑星と習合するが、「辟邪絵」ではあくまで脇役であり、さほど重要な存在ではなかった。その点では、祇園社で祀られることによって、牛頭天王はその重要性が増したと言える。

　鎌倉時代に成立したと考えられる『祇園牛頭天王御縁起』という書物には、牛頭天王の本地仏が薬師如来で、武塔《むとう》天神（武答天王）の一人息子として日本に垂迹《すいじゃく》したとされている。薬師如来は、すでに述べたように、観慶寺の本尊だった。

　武塔天神については、『釈日本紀』に引用されている『備後国風土記』逸文の「疫隈国社《えのくまのくにつやしろ》」という箇所に出てくる。武塔は、朝鮮語でシャーマンを意味するムーダンに通じるとされるが、北海の神だった武塔天神は、嫁を探すために南海を訪れ、自ら素戔嗚尊と称したという。

　また、平安時代末期に成立した『伊呂波字類抄《いろはじるいしょう》』の「祇園」の項目では、牛頭天王は天竺の北方にある九相国の王で、沙渇羅《さがら》竜王の娘と結婚して八王子を生んだ

牛頭天王と素戔鳴尊の習合神である「祇園大明神」　梶川辰二編『諸宗仏像図彙.3』明治19（1886）年　国立国会図書館デジタルコレクション

竹寺（埼玉・飯能市）の本尊・牛頭天王の護符

とされ、武塔天神とも言うとされている。そこでは、父が東王父で、母が西王母とされていた。西王母についてはよく知られているが、どちらも中国の道教の神である。

　こうした話にふれると、ますます牛頭天王は不思議な存在に思えてくるが、実は、牛頭天王のルーツが朝鮮半島に求められる可能性も残されている。

　『日本書紀』には、本文とは別に、異なる史料に基づく一書というものがあわせて掲載されているが、その第四には、素戔嗚尊が「新羅国に降到《あまくだ》りまして、曽尸茂梨《そしもり》の処に居《ま》します」と述べられている。

ソウルから東北東およそ100キロのところには、牛頭山と呼ばれる小さな墳丘が現実に存在する。ソシモリとは、高い柱の意味で、それは神を迎えるためのものである。古代韓国語で、ソシの音に牛の字を、モリに頭の字をあてると、ソシモリは牛頭になる。

また、吉田神道を開いた吉田兼倶が室町時代に撰《せん》したとされ、朝廷が緊急の事態が起こった際に、または定期的にも奉幣《ほうへい》を捧げた「二十二社」について解説した『二十二社註式』という書物においては、「牛頭天王は初めて播磨明石ノ浦に垂迹し、広峯に移る、その後北白川東光寺に移り、その後元慶年中（877〜885年）に感神院に移る、託宣に我は天竺祇園精舎の守護の神なりと云々、故に祇園社と号す」と述べられている。ここでは、牛頭天王が祇園社と結びつくのは、それが、釈迦の僧坊である祇園精舎の守護神だからだとされている。これは、祇園社が最初、仏教の寺院である観慶寺の境内に祀られたことと関係する。

牛頭天王にまつわるさまざまな信仰や逸話については、山本ひろ子『異神』（上・下巻、ちくま学芸文庫）に詳しい。その世界に入り込んでいくと、牛頭天王の正体はどんどんと不鮮明になり、さまざまな神仏と次々と結びついていくことがわかる。

何より、牛頭天王は、牛の頭を戴くという点で異様な姿をしており、それが、疫病のまがまがしさを表現するのにふさわしいものだった。

そして、疫病をもたらす牛頭天王を祀ることで、なんとか疫病の猛威を逃れようとしたのである。

3 蘇民将来

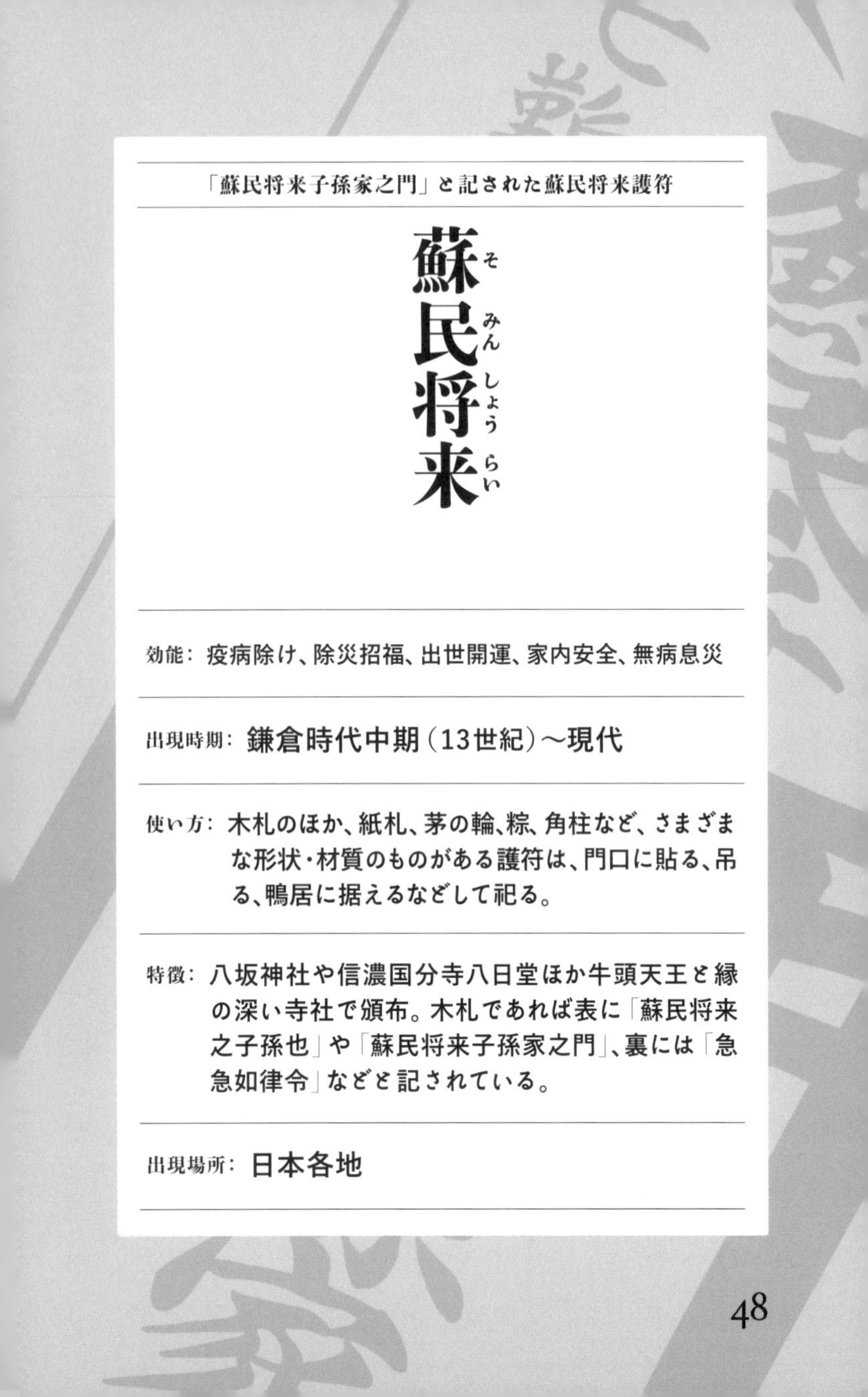

「蘇民将来子孫家之門」と記された蘇民将来護符

蘇《そ》民《みん》将《しょう》来《らい》

効能：疫病除け、除災招福、出世開運、家内安全、無病息災

出現時期：鎌倉時代中期（13世紀）～現代

使い方：木札のほか、紙札、茅の輪、粽、角柱など、さまざまな形状・材質のものがある護符は、門口に貼る、吊る、鴨居に据えるなどして祀る。

特徴：八坂神社や信濃国分寺八日堂ほか牛頭天王と縁の深い寺社で頒布。木札であれば表に「蘇民将来之子孫也」や「蘇民将来子孫家之門」、裏には「急急如律令」などと記されている。

出現場所：日本各地

牛頭天王のところで、「武塔天神」についてふれた。武塔天神は武答天王とも呼ばれる。それが、登場するのが『備後国風土記』逸文である。

逸文と言わなければならないのは、『備後国風土記』は全文が残っていないからだ。風土記は、奈良時代に元明天皇が各国の国庁に命じて作らせたもので、それぞれの地域の産物や伝説について書き著したものである。ただ、ほぼ全部が伝わっているのは『出雲風土記』だけで、播磨、肥前、常陸、豊後の風土記は一部が欠けている。ほかの国の風土記になると、何かの史料に引用された形でしか残っていない。

備後国は、現在で言えば広島県の一部とその周辺地域を含んでいる。『備後国風土記』で残されているのは、この武塔天神の逸話だけである。

では、その逸話はどのようなものなのだろうか。

武塔天神は、もともと北海の神だったが、嫁を探すために南海を訪れた。このことは、すでに牛頭天王のところでふれた。

その旅の途中、武塔天神は、将来を名乗る兄弟に出会い宿を貸してくれるように頼んだ。ところが、金持ちの弟である巨旦《こたん》将来の方は、その申し出を断ってしまう。それに対して、貧しい兄の蘇民将来は宿を貸してくれた上、粟柄のござに座らせ、粟飯までご馳走してくれた。

そんなことがあってから数年後、武塔天神は、嫁取りに成功したらしく、8人の子どもとともに蘇民将来のもとをふたたび訪れた。そして、「あのときの礼がしたいのだが、子どもはいるか」と、武塔天神は蘇民将来に尋ねる。

蘇民将来が、妻と子どもがいると答えると、武塔天神は、「茅《ち》の輪《わ》を腰に着けておけ」と命じた。その上で、その夜、茅の輪を着けていない者を殺して滅ぼしてしまった。武塔天神は、「私は素戔嗚尊だ。これから疫病が流行したときには、蘇民将来の子孫だと言い、茅の輪を腰に着けていれば、それを免れることができる」と告げたのだった。

竹寺（埼玉・飯能市）の茅の輪

茅の輪とは、茅《ちがや》というイネ科の植物を用いて作った大きな輪のことで、6月30日に各神社で行われる夏越しの大祓のときに鳥居のところなどに設けられる。それをくぐると無病息災だとされてきた。ここで言う茅の輪は、その小型版のことだろう。

この伝説をもとにして、かつては牛頭天王、現在では素戔鳴尊を祀る神社では、疫病避けとして「蘇民将来子孫家之門」と記した護符が配られる。それを注連《しめ》縄とともに門口にかかげておくと、魔や厄を除けることができるというのである。

京都の八坂神社では、「蘇民将来之子孫也」と記した粽《ちまき》や、それぞれの面に蘇民、将来、子孫、人也、大福、長者と記した角柱のこけしなども配られる。

八坂神社の場合、河原町通の方から四条通をやってくると、西楼門に突き当たる。そこから境内に入って行くことになるが、すぐ正面には、疫《えき》神社という小祠が祀られている。その祭神が蘇民将来である。西楼門から入ってすぐに、この小祠があるということは、祇園社と呼ばれ

中央の「蘇民将来子孫家之門」と記された木札（材は檜）が特徴の通称伊勢型と呼ばれる三重県伊勢地域で見られる注連縄　Sunphol Sorakul／ゲッティイメージズ

◉蘇民将来護符

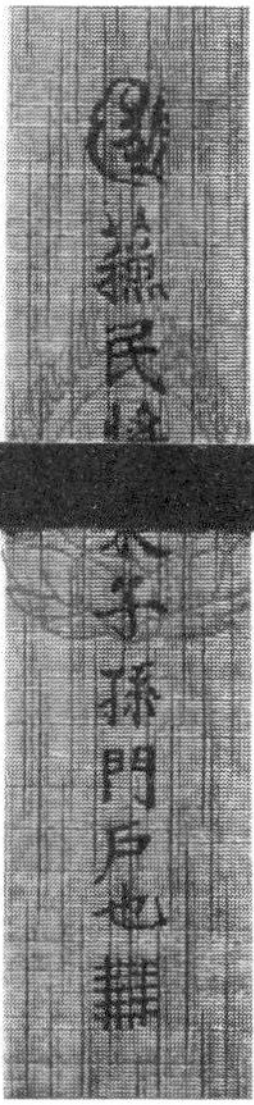

竹寺（埼玉・飯能市）の蘇民将来護符2種

笹野観音・長命山幸徳院笹野寺（山形・米沢市）の蘇民将来護符2種

ていた八坂神社が、疫病を退治する神として信仰されてきたことを象徴している。「蘇民将来子孫家之門」の護符で、一つ注目されるのが、その裏面である。

そこには、「急急如律令」と記されている。

そもそも、これはどう読んだらいいのだろうか。

正解は、「きゅうきゅうのりつりょう」である。

それを聞いて、歌舞伎を観る方なら、思いつくことがあるかもしれない。歌舞伎の代表的な演目で、歌舞伎の宗家、市川團十郎家に伝わる歌舞伎十八番の一つ「勧進帳」に出てくるからだ。

「勧進帳」は、山伏に身をやつした源義経一行が、彼らの行く手を阻むために兄頼朝が設けさせた安宅の関を越えようとする物語で、能の「安宅」がもとになっている。

義経一行のリーダー格は武蔵坊弁慶で、関守の富樫左衛門と問答になる。「山伏

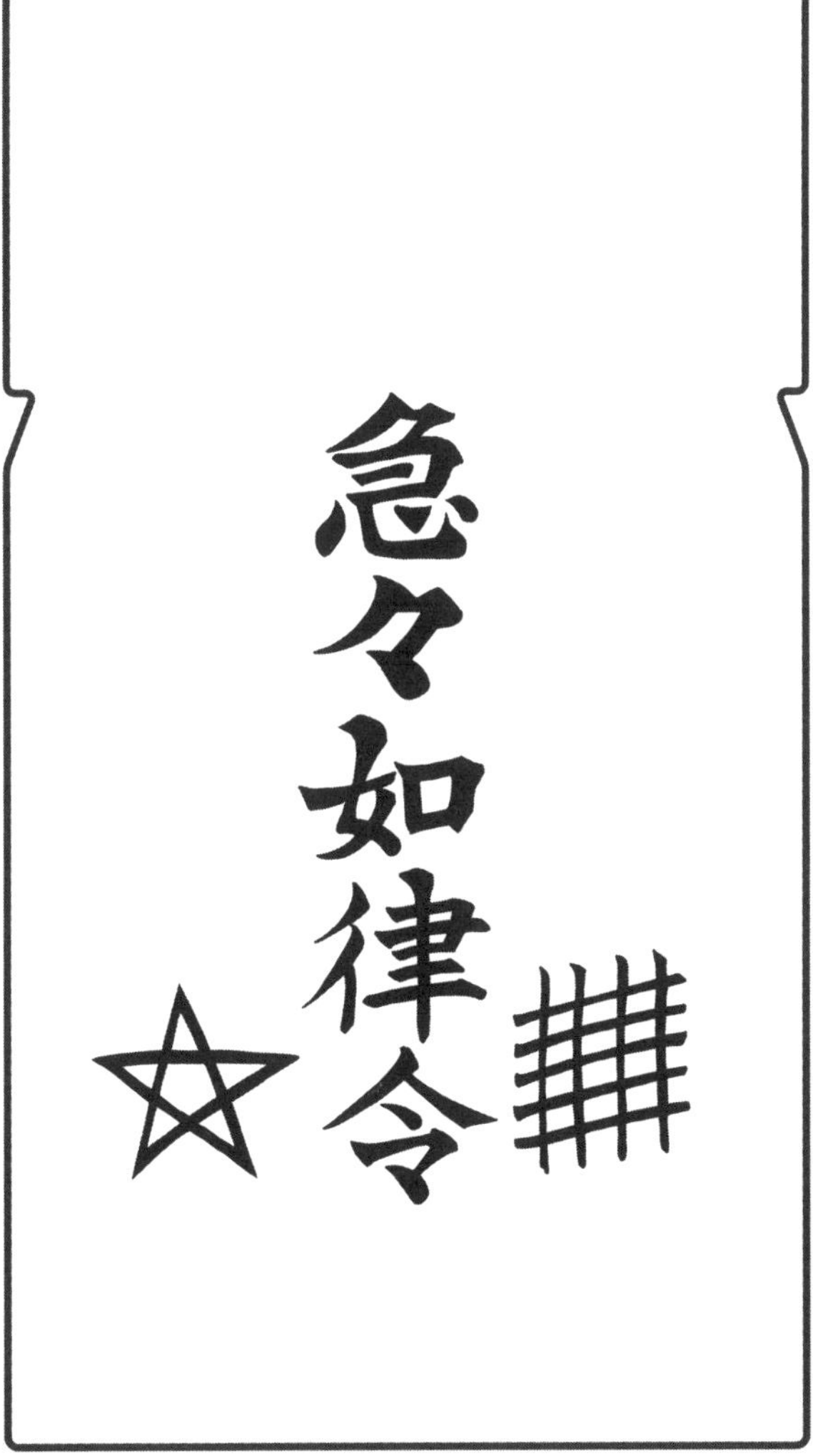

「蘇民将来子孫家之門」護符の裏面に記される「急急（々）如律令」

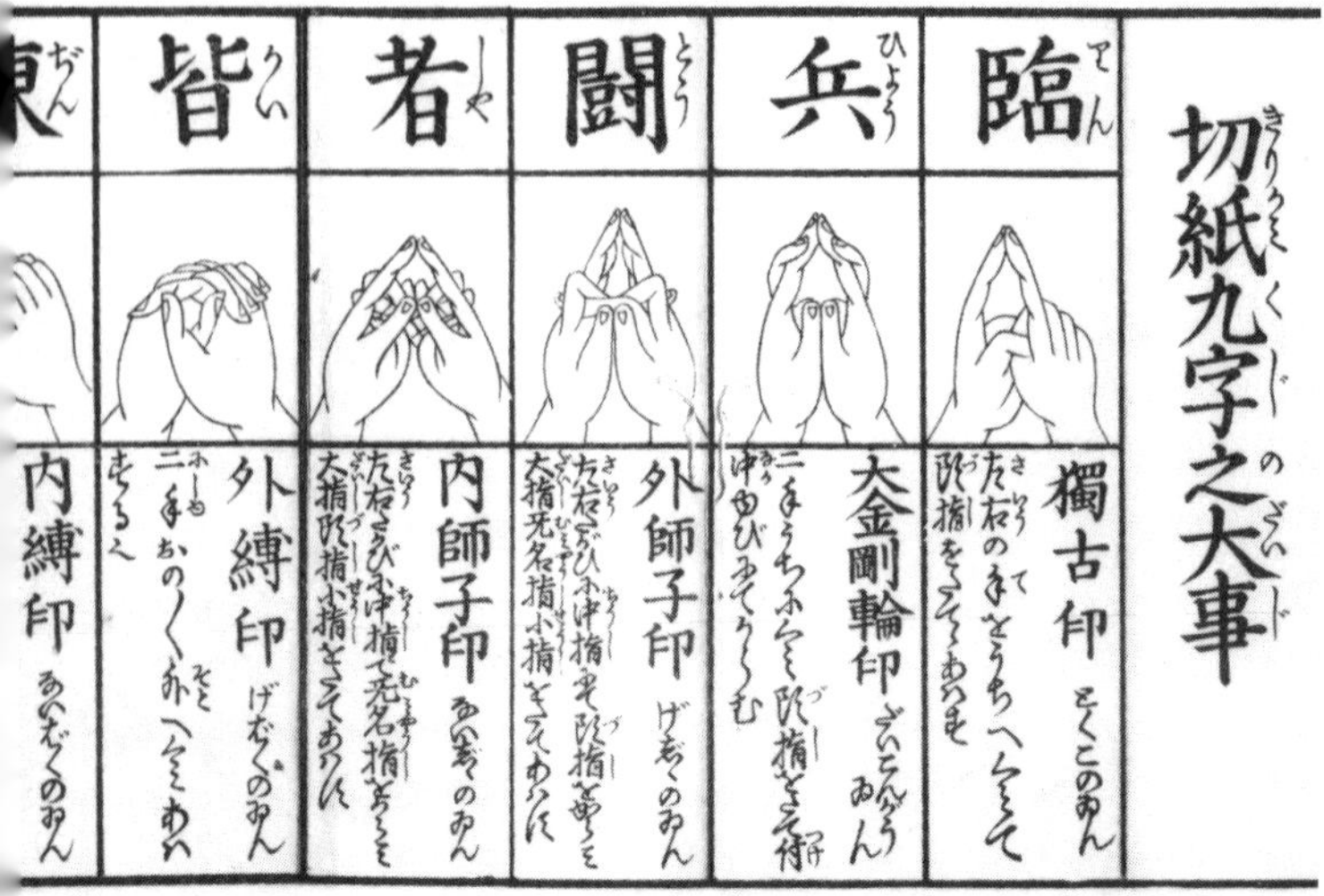

問答」と呼ばれるものだが、そこで弁慶の言ったことのなかに、「そのとき、急急如律令と、呪するときは、あらゆる五陰鬼、煩悩鬼、まった、悪魔、外道、死霊、生霊、たちどころに滅ぶること、霜に煮え湯を、注ぐが如く」ということばがある。

　急急如律令は、もともとは陰陽師が唱える呪文で、悪鬼を退散させるために唱えられるものだった。

　それにしても、奇妙な呪文だが、もともとは中国の漢の時代のことば

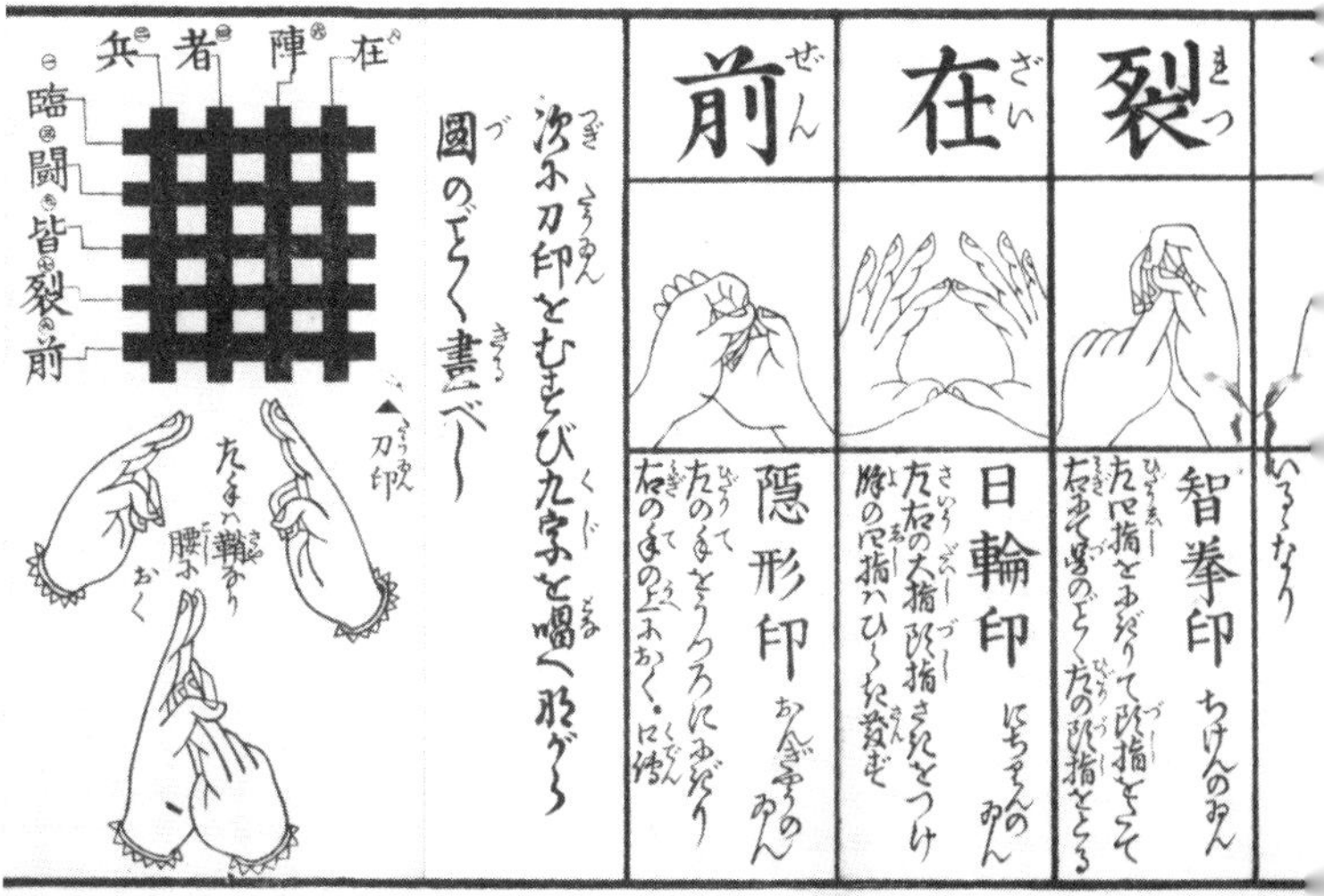

九字真言と四縦五横『九字護身法』明治14（1881）年　国立国会図書館デジタルコレクション

である。意味としては、「至急律令のごとくに行え」ということである。法律令は古代の法律の体系である。律の通りに早くやれということばがなぜか呪文になったのである。

この呪文、陰陽師だけではなく、道家や祈禱僧、さらには修験道の山伏も呪文として使ってきた。だから、山伏となった弁慶が使ったのだ。

陰陽師と言えば、安倍晴明のことが思い出されるだろう。陰陽師には式神を操る妖術師のイメージがある。

だが、陰陽師は本来、中務省の陰陽寮に属した官僚のことだった。陰陽寮では、暦や時刻を管理したが、同時に、吉凶を占うこともその役割になっていた。

狂言師の野村萬斎が主演した映画『陰陽師』のなかには、安倍晴明が、木になった怪しげな実に紙を貼り、そこに、「呪」で始まる呪文を書く場面が出てくる。その呪文の最後には、急急如律令と記されていた。

そこにも見られるように、急急如律令単独では効果を発揮しないともされてきた。そこで、他の呪文と組みあわせて唱えられることになるが、山伏だと、「六根清浄、急急如律令」と唱える。

ほかにも、「九字の真言」があわせて唱えられることがある。「勧進帳」の弁慶は、急急如律令と唱える前に、「臨兵闘者皆陳裂在前」の九字の真言を唱え、「まさに（九字を）切らんと、するときは、正しく立って、歯を叩くこと、三十六度。まず、右の大指をもって、四縦をえがき、のちに、五横を書く」と富樫に説いていた。

蘇民将来子孫家之門と記すだけでは心もとないと考えられたのか、護符の裏面には、この急急如律令の呪文が記されているのである。

それにしても、蘇民将来の逸話は不思議である。蘇民将来は巨旦将来と兄弟とされてはいるが、兄弟なら姓を同じくするはずである。将来が名前の後に来るのは、欧米のやり方と共通する。いったい蘇民将来は何者なのだろうか。武塔天神については、朝鮮語のムーダンがもとになっている可能性があるが、朝鮮半島では、日本と同様に姓の後に名前が来る。その点では、渡来人であるとも言えない。

蘇民将来の由来を考えるときに、一つ突飛な説がある。

それは、古代のユダヤに起源を求めるものである。

ユダヤ教でもっとも重要な祭が、「過越の祭」である。これは、ヘブライ語で、「ペサハ」と呼ばれるが、ユダヤの暦が太陰太陽暦であるために、私たちが用いているグレゴリオ暦では、3月末から4月頃の満月の日からの一週間に祝われる。2020

年だと、4月8日から16日までだった。

過越の祭の起源については、ユダヤ教の聖典であるトーラー（キリスト教の旧約聖書）の「出エジプト記」に出てくる。

ユダヤの人々はエジプトに捕らわれ、奴隷として虐げられていた。そこで、ユダヤ人の信仰する神は、エジプトに対して禍をもたらそうとする。そのなかに、エジプトにいる人間だけではなく、家畜の「すべての初子を撃つ」というものがあった。初子は、はじめて生まれた子どものことを指す。

その上で、神はモーセと、もう一人のユダヤ人のリーダーであるアロンに対して、傷のない小羊を犠牲にして捧げ、その血を柱や鴨居に塗るように命じた。それで夜明けまで戸口から誰も出なければ、その家の初子を殺すことはないというのである。神が過越すので、過越の祭と呼ばれるわけである。

たしかに、この過越の祭の起源についての話は、蘇民将来の伝説と似たところがある。ただ、だからといって、蘇民将来の護符がユダヤに起源を持つとまでは言えないだろう。それは、オカルトや陰謀論の世界で唱えられてきた「日ユ同祖論」になってしまう。昔の人々の発想には共通するところがあると考えるべきだろう。

むしろここで注目しなければならないのは、素戔嗚尊のことである。

牛頭天王は素戔嗚尊と習合したし、武塔天神もまた、自らが素戔嗚尊であることを明かした。素戔嗚尊、牛頭天王、そして武塔天神は一体の関係にある。

素戔嗚尊は、古事記や日本書紀といった日本神話においては、皇祖神である天照大神の弟とされる。そして、父親の伊邪那岐命からは、夜の食国《おす》、あるいは海原を治めるように命じられる。

だが、亡くなった母の伊邪那美命のいる黄泉の国へ行きたいと駄々をこね、高天原にいた天照大神に挨拶に赴いたときには、お互いに邪な気持ちを抱いていないことを証明したものの、糞をまき散らしたり、田の畔を壊したりと、乱暴狼藉の限りを尽くす。それが、天照大神が天岩戸に籠もる原因にもなった。

とても、夜の食国や海原を治められるだけの十分な資質を持っているようには思えないが、出雲では、8つの頭と尻尾を持つ八岐大蛇《やまたのおろち》を退治し、娘を娶りたいとする大国主命には父親として数々の試練を与えた。その面では、英雄としての働きを示すのだが、暴力性が、その本質であるとも言える。

素戔嗚尊は、さまざまな神社で祀られているが、それも、暴力性と無関係ではない。常識を超えた暴力性を発揮するからこそ、それを祀れば、疫病も退治してくれる。私たち日本人は、そのように信じてきたのである。

4

天刑星

のちに牛頭天王と習合する善神・天刑星の護符

天《てん》刑《けい》星《せい》

効能：疫病除け

出現時期：平安～鎌倉時代（12世紀）

使い方：門口などに貼る（牛頭天王護符としての場合）。

特徴：平安時代の絵画「辟邪絵」では疫神や牛頭天王をつかんで食べている道教の神として描写されている天刑星。その後、牛頭天王と習合する。

出現場所：日本各地

悪い奴には、さらにそれを上回る奴が必ずいる、ということだろう。

「辟邪絵」のなかで、牛頭天王を手に持って口にくわえ、頭の部分を食いちぎってしまっているのが天刑星である。

天刑星は、疫病をもたらす悪鬼を懲らしめているのだから、善神ということになる。

だが、顔は鬼で、牙がはえ、足では邪鬼を踏みつけている。とても、善神には見えない。まさに悪神の姿である。

「辟邪絵」は、12世紀、平安時代に作られたもので、奈良国立博物館に所蔵されている。国宝にも指定されているが、それも、悪鬼を懲らしめる善神たちの姿が、実に生き生きと描かれているからである。ほかに「辟邪絵」に登場する善神は、栴檀《せんだん》乾闥婆《けんだつば》、神虫《しんちゅう》、鍾馗《しょうき》、毘沙門天である。

神虫とは、「蠶《さん》」の美称とされる。蠶は蚕《かいこ》のことだが、神虫はとても蚕のようには見えない。羽根があって、足が8本生えているが、いくつもの邪鬼を、それぞれの足でわしづかみにできるほどからだは大きく、鋭い歯のはえた口のなかは、食い殺した邪鬼の血で真っ赤になっている。

たとえ、それが夢のなかでも、こんなものが目の前に現れたら、どれだけ恐ろしいことか。「辟邪絵」は、決して夜中に見てはならない絵なのかもしれない。

人間の想像力は、なかなか善なるものを思い描く方向にはむかわない。逆に、悪を描くということになると、想像力は無限に広がっていく。

その証拠に、古今東西、地獄の姿は実に鮮明に、そして底知れず恐ろしいものとして描かれてきた。それに対して、天国・極楽・浄土の姿は、美しくはあっても、必ずしも魅力あるものにはならないのである。

「辟邪絵」と同時代に描かれたものに、「地獄草紙」がある。「地獄草紙」は、東京国立博物館に所蔵されている岡山の安住院旧蔵のものと、奈良国立博物館所蔵のも

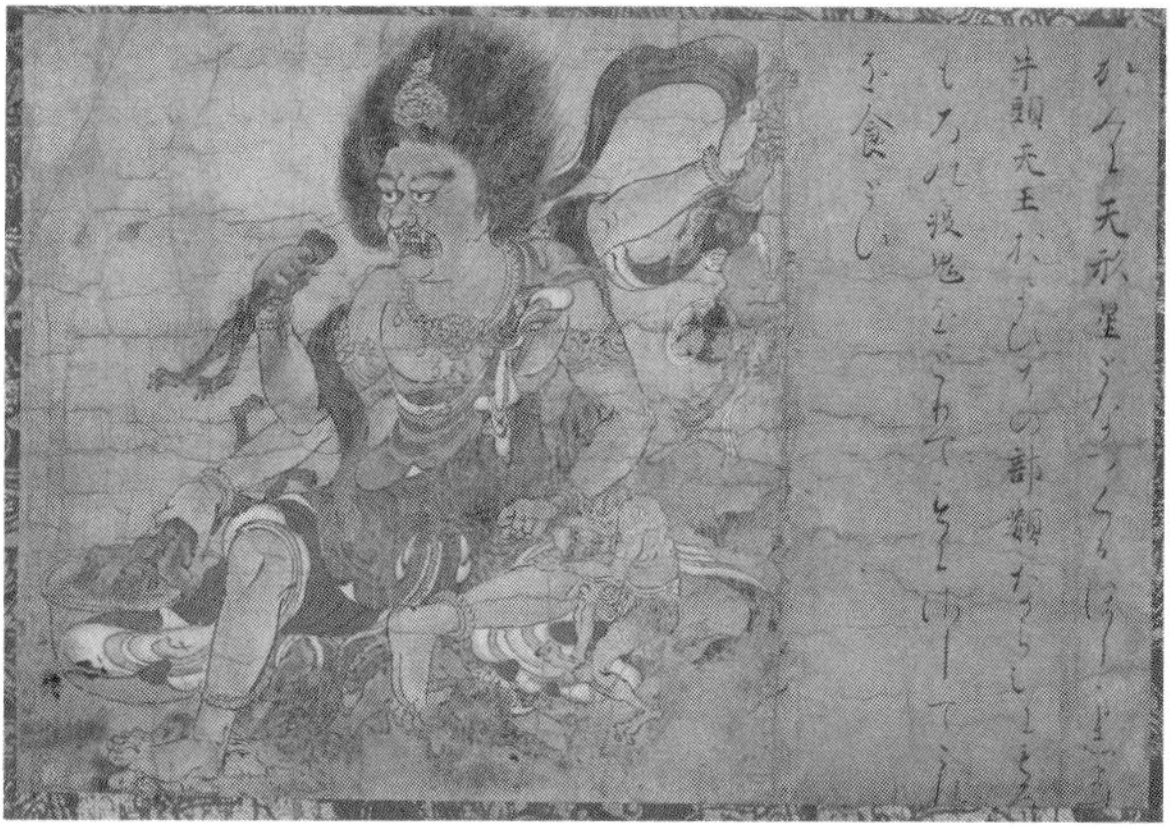

「辟邪絵　天刑星」平安～鎌倉時代（12世紀）奈良国立博物館蔵

のが名高い。やはり国宝である。

前者では、八大地獄のうち四つの地獄が描かれている。なかでももっとも強烈な印象を与えるのが、激しく燃え盛る炎のなかで獄卒に責めたてられながらもがき苦しむ罪人の男女の姿を描き出した雲火霧地獄の光景である。燃え盛る炎は、罪もろとも罪人を焼き尽くしていく。

この地獄絵から連想されるのが、同時代に制作された「伴《ばん》大納言絵巻」である。「伴大納言絵巻」は、「源氏物語絵巻」、「信貴山縁起絵巻」、「鳥獣人物戯画」とともに四大絵巻に数え上げられている。物語の展開が巧みで、そこにかかわった人々の感情をリアルに描き出している点で高く評価されている。宮廷絵師の常盤源二光長が作者だというのがほぼ定説になっており、若狭の小浜藩主酒井家に伝えられてきた。「伴大納言絵巻」の上巻では、大納言であった伴善男《とものよしお》が政敵にあたる左大臣源信《みなもとのまこと》を失脚させるために平安京の応天門に放火したときのことが描かれる。迫り来る炎は、激しく黒煙を上げ、火事の知らせを聞いて現場に集まってきた人々を恐怖させるのだ。

一方、奈良国立博物館所蔵の「地獄草紙」の場合には、八大地獄ではなく、その周辺にあるとされる十六小地獄の情景が描かれる。現存するのは、詞書も含むものが六段で、一段は絵のみである。

熱い砂の雨の降る黒雲沙《こくうんしゃ》地獄、糞尿の穴に落ちて蛆に食べられる糞屎泥《ふんしでい》地獄、血の池に沈み大きな蜂に刺される膿血《のうけつ》地獄、鉄製の臼ですりつぶされる鉄磑《てつがい》地獄、真っ赤に焼けた鉄を升で量らされる函量《かんりょう》地獄、火を吹く巨大な鶏についばまれる鶏地獄などは、焦熱地獄のような一般的な地獄のイメージとは異なるものの、責め苛まれる姿が詳細に描かれているため、その苦痛を容易に想像でき、なんとも恐ろしい。

実は、「地獄草紙」には、シナリオにあたるものがあった。それが、恵心僧都源《えしんそうずげん》信《しん》の『往生要集《おうじょうようしゅう》』である。源信は、死後、元三大師となった慈恵大師良源の弟子だった。

源信は、良源のもとで学び、やがて頭角を現す。そして、横川に隠棲した後、浄土教信仰に傾倒していく。『往生要集』の執筆を始めたのは永観2(984)年11月からのことで、わずか半年でそれを書き上げている。源信は、六道輪廻の様子を詳細に描き出し、極楽浄土へ往生するために念仏行を実践することが重要だと説いている。

『往生要集』は、全体が10の章に分かれていて、その冒頭が「本文第一　厭離穢土《おんりえど》」である。この章では地獄道、餓鬼道、畜生道、阿修羅道、人間道、天道の様子が描かれ、章末の総括の節に進んでいく。地獄の描写は詳細を極め、等活・黒縄《こくじょう》・衆合・叫喚《きょうかん》・大叫喚・焦熱《しょうねつ》・大焦熱・無間《むげん》からなる八大地獄の光景が徹底して陰惨なものとして描かれている。

たとえば、7番目の大焦熱地獄については、殺人や盗みなど仏教の基本的な戒律である五戒を犯した者が落とされると説明される。そこで待ち受けているのは、すさまじい形相の獄卒たちで、罪人はその姿を見るだけで恐怖の虜となる。獄卒たちは、罪人の喉仏を捉えて、地獄に落ちた者を裁く閻魔王のもとへと連れ去る。

罪人は、閻魔王に責め叱られた後、地獄へと連れていかれるが、はるかかなたには大焦熱地獄の炎が燃え上がっているのが見える。地獄の罪人の泣き叫ぶ声も聞こえる。それを見聞きする期間は百千万億年という途方もない長さで、地獄では巨大な火柱が恐ろしいほどの高さに達している。その高さは罪人の罪の重さで決まる。獄卒は、罪人を火柱のなかに突き落とす。

源信は、各種の仏典をもとにして、地獄の姿を詳細に描き出していった。地獄道のあとには、他の五道、餓鬼道、畜生道、阿修羅道、人間道、天道のありさまも描かれるが、それは地獄よりましだというわけではない。天道ですら、一時は限りない快楽を与えてくれるものの、すぐにそれは衰え、消え去っていく。一度快楽を味わっただけに、それが永遠に失われることは底知れない苦に結びつく。源信は、その苦しみは地獄に勝るとも劣らないとさえ述べている。

源信が、地獄道から天道までの六道を恐ろしい苦の世界として描写しているのは、そこに落とされることを心底怖れ、浄土に生まれようとする厭離穢土の気持ちを起こさせるためだった。浄土教信仰に導いていくために、地獄を徹底して恐ろしいものとして描いたのだ。

そして、『往生要集』をもとに、「地獄草紙」が作られた。「辟邪絵」も、一時は「地獄草紙」の一種と考えられていたが、今では、地獄を描いたものではないとして、「地獄草紙」とは区別されている。

ただ、『往生要集』というシナリオがあったとしても、それは文章でつづられたもので、それを視覚的に表現するには、想像力とともに、土台となる現実を必要とする。つまり、地獄を想像させる光景を実際に見たことがなければ、「地獄草紙」や「辟邪絵」の作者は、陰惨な光景を描くことはできないのだ。

それを証明してくれるのが、平安時代後期に成立した「餓鬼草紙」である。

そこでは、盛り土をした塚や石を積んだ塚が墓として描かれる一方で、地面に遺体が横たわり、白骨化したものも描かれている。これは、当時の都、京都の様子を直接描いたというものではない。だが、京都では、遺体を地面にさらす風葬が行われていた。風葬の場所としては、嵐山の北にある化野《あだしの》、船岡山の北西部の蓮台野

（紫野《むらさきの》）、そして、清水寺に近い東山の鳥辺野《とりべの》があげられる。

このうち、鳥辺野がどこを指すかは、必ずしも明確に定まってはいない。おおかには、清水寺から、親鸞の墓所であり浄土真宗の門徒が納骨を行う大谷本廟のあたりを指すと考えられる。つまり、今や京都観光の第一の名所となっている清水寺は、風葬が行われていた地域の真っ只中に位置していたのである。

『源氏物語』では、「夕顔」の巻に清水寺のことが出てくる。光源氏の愛した夕顔は、六条御息所ではないかと言われる生霊にとりつかれ殺されてしまうが、その遺骸は、光源氏の手によって鴨川の河原を通って運ばれていく。その際に、松明の明かりで、鳥辺野の不気味な景色が見えたとされ、それが光源氏を恐怖させる。具体的にどういう景色だったのかは説明されていないのだが、おそらくは風葬された白骨が松明の光に浮かび上がったのであろう。

光源氏は、ようやく尼の居るお堂へたどり着く。すでに東山の寺々の初夜の勤行は終わっており、あたりは静かだったが、清水寺の方だけは光が多く見え、多くの参詣者が寺に出入りしている気配がしたという。

『源氏物語』の舞台となった平安時代の清水寺は、死体が野ざらしになった鳥辺野の真っ只中にあった。清水寺は死の世界に建つ寺であり、その有名な舞台に立てば、土や石の墓、野ざらしになった遺体が目に入る。さらには、火葬も行われていたはずで、その煙が漂ってくるのを目にしたに違いないのである。

清水寺には、本尊として観音菩薩が祀られている。観音菩薩の浄土とされるのが補陀落山《ふだらくせん》である。清水寺があることによって、鳥辺野で野ざらしになっても来世においても救われるという信仰が確立された。

疫病が流行すれば、風葬される遺体の数は飛躍的に増えていく。そうしたときには、遺体は鳥辺野までは運ばれず、鴨川に捨て置かれた。雨が降り、鴨川があふれれば、人骨があたりに散乱した。そのため、松原通のあたりは、「髑髏町《どくろちょう》」と呼ばれた。あまりに不吉な地名であるため、江戸時代に、現存する「轆轤《ろくろ》町《ちょう》」と改名された。

天刑星は、恐ろしげではあっても、疫病をもたらす牛頭天王を成敗してくれる。そこには、疫病退散を願う京都の人たちの思いが示されているのである。

5

鍾馗

玄宗皇帝の夢のなかで疫病を退けた鍾馗の護符

鍾馗《しょうき》

効能：魔除け、疫病除け、学業成就

出現時期：8世紀の唐、平安時代～現在

使い方：図像を旗、屏風、掛け軸などとして飾る。また、像は屋根の上に載せ飾る。端午の節句には絵や人形を飾り、奉納する。

特徴：中国由来の道教系の神。長い髭を蓄え、中国の官人の衣装と剣を身に着け、大きな目で睨みつける姿は唐の6代皇帝玄宗（在位712～756年）が瘧（マラリア）に罹った際に夢に現れた人物がモデルと伝えられる。

出現場所：日本各地

5月5日は「こどもの日」である。

もともとは、五節句の一つ、端午の節句だった。これが、男の子の節句となったのは江戸時代になってからである。3月3日が雛祭りで女の子の節句となり、それと対をなす形になった。

雛祭りには雛人形が飾られ、端午の節句には武者人形が飾られる。武者人形には関西と関東で違いがあり、関西では甲冑全部が飾られることが多いのに対して、関東では兜だけというのが多い。

さらに関東では、鍾馗人形も飾られることがある。鍾馗は、立派な顎髭を蓄えているところに特徴があり、剣を携え、「三国志」に出てきそうな中国の武将の出で立ちをしている。なかには、髭が真っ赤というものもある。

関西では、鍾馗人形を飾る習慣はあまりないようだが、だからといって鍾馗の存在が知られていないわけではない。これは京都に限定されることなのかもしれないが、京都の町屋では、屋根の庇に小さな鍾馗の瓦人形を載せているところがある。これは、「お鍾馗さん」と呼ばれる。

このような形で、鍾馗はすっかり日本人の暮らしのなかに溶け込んでいる。では、鍾馗の正体は何かと聞かれたら、答えられる人はそれほど多くはないかもしれない。

鍾馗は、その姿が示しているように、中国に由来する。唐の時代の玄宗皇帝といえば、楊貴妃を寵愛したことで知られるが、マラリアに罹って臥せっていたことがあり、そのとき夢を見た。

夢のなかには、虚耗《きょこう》という小鬼が現れた。皇帝は、兵士を呼んで、虚耗を退治させようとするが、そのとき突然、大きな鬼が現れ、小鬼を食べてしまった。まるで牛頭天王を食べる天刑星のようだが、大鬼は、皇帝に対して自らの正体を明かした。

自分は鍾馗と言い、中国の官僚の登用試験である科挙に落ちてしまった。そこで落胆し、宮中で自殺をはかった。ところが、当時の皇帝が、自分のことを手厚く葬ってくれたので、その恩に報いるために、こうして現れたというのである。

玄宗皇帝が夢から醒めると、マラリアは治っていた。そこで皇帝は、画家に命じて、夢で見た鍾馗の姿を描かせた。そして、臣下に対してその絵を疫病除けとして与えた。それが日本にも伝わったというのである。

月岡芳年「新形三十六怪撰　鍾馗夢中捉鬼之図」
明治23（1890）年　都立中央図書館特別文庫室蔵

天刑星のところで見た「辟邪絵」のなかに、鍾馗も登場する。そこでの鍾馗は、衣装は鍾馗人形のようでもあるが、大きなつばのついた帽子をかぶっているものの、大きな顎髭はない。両手で疫鬼をつかみ、今にも短刀でその首をはねようとしている。

この絵は12世紀の平安時代に描かれたものだから、その時代から鍾馗は疫病除けの存在として信仰されていたことになる。とりわけ疱瘡除けの役割を期待されてきた。

疱瘡とは、人類全体を悩ましてきた感染症の代表、天然痘のことである。天然痘は古代から世界各地で流行を繰り返してきたが、今は流行することはない。というのも、天然痘は根絶されているからである。最後の患者は、1977年のアフリカ、ソマリアの青年だった。新型コロナ・ウィルスの問題で一躍注目を集めたWHOは、1980年に天然痘根絶を宣言している。日本でも、1955年から国内で感染は起こっていない。

今のところ、人類が根絶に成功した感染症は天然痘だけである。

なぜ天然痘は根絶できたのか。

それは、発症するまで他人を感染させることがなく、また発症は、全身に発疹が出て赤くなり、すぐにわかるからである。症状が出ていなくても感染させる新型コロナ・ウイルスがいかに厄介かが、天然痘と比較することでわかる。

日本では、朝鮮半島や中国との交流が始まった古代から天然痘の流行が繰り返され、人々は、それを疱瘡神によるものととらえたことについては、「はじめに」でふれた。

鍾馗は、そうした疱瘡神を食べてしまうことで、流行をおさめてくれると考えられたわけである。鍾馗人形に顎髭が赤いものがあるのも、疱瘡に罹ると発疹で全身が赤くなるからである。

鍾馗とは別に、疱瘡除けに効果があると考えられたのが猩々《しょうじょう》人形である。猩々は、古い仏教の書物や中国の古典に登場するもので、全身が赤い毛で覆われた、猿のような生き物である。もちろん、想像上の動物である。赤い毛というところが、疱瘡除けに効果があるとされた原因である。

面白いのは、猩々が無類の酒好きとされていることで、そこから各種の芸能に登場することになった。能には「猩々」という演目があり、酒を売っていた男のところに猩々が現れ、最後は、決して尽きることがなく、泉のように湧き出る酒壺を与えてくれる。この能をもとにした歌舞伎の「猩々物」にも、真っ赤な毛の猩々が登場する。

京都の百々町《どどちょう》にある旧百々御所《どどのごしょ》宝鏡寺は「人形寺」として知られる門跡寺院である。門跡寺院には、内親王が入ることになるが、父親の天皇から人形が贈られることが多く、それで宝鏡寺では、多くの人形を所蔵することになった。

そのなかには、第119代の光格天皇が、娘の霊厳理欽尼《れいげんりきんに》が10歳のときの疱瘡見舞いとして贈った猩々が所蔵されている。顔は童顔だが、真っ赤な衣装を身に着け、足元まで伸びた髪も真っ赤である。

その3年前には、姉宮であった玉鑑永潤尼《ぎょくかんえいじゅんに》が、やはり疱瘡に罹り、亡くなっているので、天皇としては、霊厳理欽尼の命が助かるよう、その願いを猩々人形に托したのだ。

天皇が娘に贈った猩々人形は立派なものだが、庶民のあいだでは、この時代、張り子の猩々を贈る習慣が生まれていた。

猩々人形が贈られていた時代、天然痘の正体がウイルスであると認識されていたわけではない。それでも、一度罹れば、二度と罹ることはないことは認識されていた。免疫があるということが、体験的に理解されていたのである。

ただ、疱瘡の場合には、もう一つ厄介なことがあった。

疱瘡とともに流行が繰り返されたのが、今でも流行することがあるはしか（麻疹）である。はしかの方が、疱瘡よりも死亡率は高かった。一方、疱瘡の場合には、発疹の跡が残るということがあり、「疱瘡は器量定め、はしかは命定め」と言われた。

猩々人形には、疱瘡に罹っても、器量に影響しないようにという親の願いも込められていたに違いない。

鍾馗を描いた印象深い絵を残しているのが、幕末から江戸時代にかけて活躍した絵師、河鍋暁斎《かわなべきょうさい》である。

暁斎は、最初は歌川国芳に入門したが、狩野派に転じ、絵師として独立してからは、錦絵や版本の挿絵などを手がけた。反骨の精神が強く、「狂画」とも呼ばれる風刺画を描いたため、明治に入ってからは、逮捕され、投獄された。

暁斎は鍾馗を繰り返し描いているが、疾走する虎に乗った鍾馗が、剣をふるい、疫鬼を退治している画面を描いた「十二ヶ月之内 五月」は、暁斎の本領が発揮され、圧巻である。また暁斎は、鍾馗が鬼たちに芸をさせる戯画も描いている。暁斎の師匠である歌川国芳も、立派な鍾馗図をいくつも描いている。

国芳以前では、葛飾北斎も独特な鍾馗図を描いている。北斎の鍾馗図は、鍾馗の

河鍋暁斎「十二ヶ月之内 五月」明治20（1887）年　山口県立萩美術館・浦上記念館蔵

上:歌川国芳「鍾馗」嘉永年間（1848～1855年）頃

左：中山寺奥之院（兵庫・宝塚市）で授与される護符

全身が真っ赤だというところに特徴がある。宝暦10（1760）年生まれの北斎が寛政5（1793）年から翌6年頃に描いた鍾馗図では、鍾馗が真っ赤であるのに対して、疫鬼は黒と、対照的に描かれている。最晩年の87歳で描かれた鍾馗図では、真っ赤な鍾馗が正面をじっと鋭い目で見つめている。こんな鍾馗なら、疱瘡も撃退できそうに思えてくる。

疱瘡神に関しては、「疱瘡神の詫び証文」というものも伝わっている。これは、16世紀後半に実在した若狭小浜の組屋六郎左衛門という人物が、疱瘡神を手厚くもてなしたことに由来するもので、詫び証文では、疱瘡神が二度と悪さをしないと誓っている。

このことを踏まえ、「若狭小浜組屋六郎左衛門」という名前と、証文のなかにある、「千早振《ちはやぶる》神の子孫の家なれは邪魔モ悪魔も寄にきられす」の和歌を戸口に貼っておけば、疱瘡を免れることができるとされる。これは、明らかに蘇民将来信仰のバリエーションである。

　訪れる神、それを民俗学の世界では「来訪神」と呼ぶが、来訪神をもてなして、帰ってもらうということは、日本各地でさまざまな形で行われてきた。天皇の代替わりに行われる大嘗祭も、大嘗宮には天照大神と思しき来訪神が訪れるわけで、それを新たな天皇が神饌によってもてなすことが核心になっている。

「地震のまもり」安政2（1855）年　都立中央図書館特別文庫室蔵

　詫び証文ということで思い起こされるのが、「鯰の詫び証文」の絵である。江戸時代には大きな地震が頻発したが、それは地下にいる鯰によるものと考えられた。その鯰を抑えているのが、鹿島神宮にある要石である。
鯰の詫び証文の絵では、鹿島神宮の祭神の前で、鯰が手形を押し、詫びていると
ころが描かれている。これは、疱瘡を疱瘡神としたのと同じ発想で、詫び証文とい
うところも共通している。
中世には、疫病を疫鬼として描くことが中心だったが、江戸時代に入ると、江戸
という、当時としては世界最大の都市に生きる庶民のユーモアの感覚が、そこには
反映された。その精神を、今の私たちも思い起こす必要があるのではないだろうか。

6 虎狼狸

疫病を怪物にたとえた広報啓発活動ツール兼護符

虎《こ》狼《ろう》狸《り》

効能：疫病除け

出現時期：江戸時代～明治時代

使い方：疫病の流行とその恐ろしさを錦絵などを通して人々に知らしめる。

特徴：虎、狼、狸の3種の動物が合体したような姿をしている。当時江戸で流行っていたコレラの根源といわれた。名前は3種の動物名の読みとコレラ（漢字表記は虎列刺）がなまったもの。

出現場所：江戸、日本各地

近年、テレビ出演で有名になり、お茶の間の人気者になっている俳人の夏井いつきに、『絶滅寸前季語辞典』（ちくま文庫）なる本がある。

時代とともに、季節を代表するものは変わっていく。なかには、すっかり時代遅れになってしまったものもある。そうなると、季語として機能しなくなる。絶滅寸前季語には、たとえば、「蚊帳」が含まれている。

たしかに、蚊帳を吊ることはなくなった。私の子どもの頃には、蚊を避けるために蚊帳を吊るのが普通だった。皆、蚊帳に守られながら眠ったのだ。今の蚊避けは、依然として健在な渦巻き状の蚊取り線香か、電気式のものだろう。

蚊帳を季語に使った句に、「コレラ怖《お》ぢ蚊帳吊《つ》りて喰《く》ふ昼餉《ひるげ》かな」というものがある。大正から昭和前期に活躍した俳人、杉田久女の作である。波乱の生涯を送った俳人である。

コレラもまた、人類を悩ましてきた疫病の一つで、現在でもアフリカや中東などで、多くの感染者、死者を出している。天然痘とは異なり、絶滅の目処は立っていない。

興味深いのは、今は使われることがない季語に、コレラならぬ「コレラ船《せん》」があることである。コレラ船は夏の季語で、久女が師事し、かつホトトギスの同人を除名された高浜虚子の句に「コレラ船いつまで沖に繋《かか》り居る」がある。

あるいは、季語を含まない新興俳句を主導したものの、その自由さが虚子に疎まれ、久女と同じときに除名された日野草城にも、「月明や沖にかゝれるコレラ船」の句がある。

虚子や草城の句からは、コレラ船は美しいものにも思えてくるが、実際には、コレラの感染が疑われる船舶が40日間、沖に留められていたものである。今は、コレラ船ならぬ「コロナ船」ということになるが、それを句に詠む俳人はいない。そもそもコロナの流行は長期に及び、特定の季節にはおさまりそうにない。季語にはならないのだ。

　コロナはウイルスだが、コレラはコレラ菌という細菌による感染症である。コレラという呼び名の由来は、古代ギリシアの医師、ヒポクラテスが唱えた「四体液説」に由来する。人間の体液は、血液、粘液、黄色胆汁、黒色胆汁に分かれるというのだ。このうち、黄色胆汁のギリシア語がｋｈｏｌで、コレラが激しい下痢を特徴とすることから、そう呼ばれるようになった。

　コレラは経口感染で、主に患者の排泄物が感染源になる。つまり、衛生環境が悪いと流行するもので、今でもそうした国で流行している。日本では、戦後、衛生環境が大幅に改善されたので、たまに一部で流行するだけになっている。

　ヨーロッパで、疫病が擬人化される場合には、主に「死神」として表現される。死神は、手に大きな鎌を持ち、それで人間を次々に殺戮していくのだ。

　ヨーロッパで恐れられた疫病と言えば、ペストである。ペストは、感染すると皮膚が内出血して黒くなるので、「黒死病」とも呼ばれた。そのペストの流行をもとに描かれたピーター・ブリューゲル作の「死の勝利」は16世紀の作品だが、やはり死神が鎌などの武器を使って、大量殺戮するところが描かれている。

それだけペストなどの疫病は恐ろしいものだったことになるが、日本では、鍾馗のところで見たように、疫病をもたらす存在は、死神のように、ひたすら恐ろしいものとしては描かれない。疱瘡神や地震鯰を描くときのように、そこにはユーモアの感覚が働いている。ペストが死神として描かれたのは中世のことだから、江戸時代とは感覚が違うのかもしれない。死神には、つけいる隙がまったくないように思える。

コレラは、古代から繰り返し、世界的に流行してきたが、日本で最初に流行したのは、文政5（1822）年のことだった。感染ルートは必ずしも明らかになっていないが、幕末の時代になってはじめて流行した。それからは、繰り返し流行している。

　コレラ流行のありさまを描いた一人が、歌川芳盛という浮世絵師だった。芳盛は、河鍋暁斎と同様に歌川国芳の弟子だった。芳盛が手がけ、文久元（１８６１）年11月に出版されたものに、「由縁《ゆかり》の友戌《いぬ》の見舞」がある。これは、コレラに罹った犬のもとに、他の十二支の動物が見舞いに訪れた様子を描いたものである。翌文久２年が戌の年だから、戌を中心に描かれたのではないだろうか。

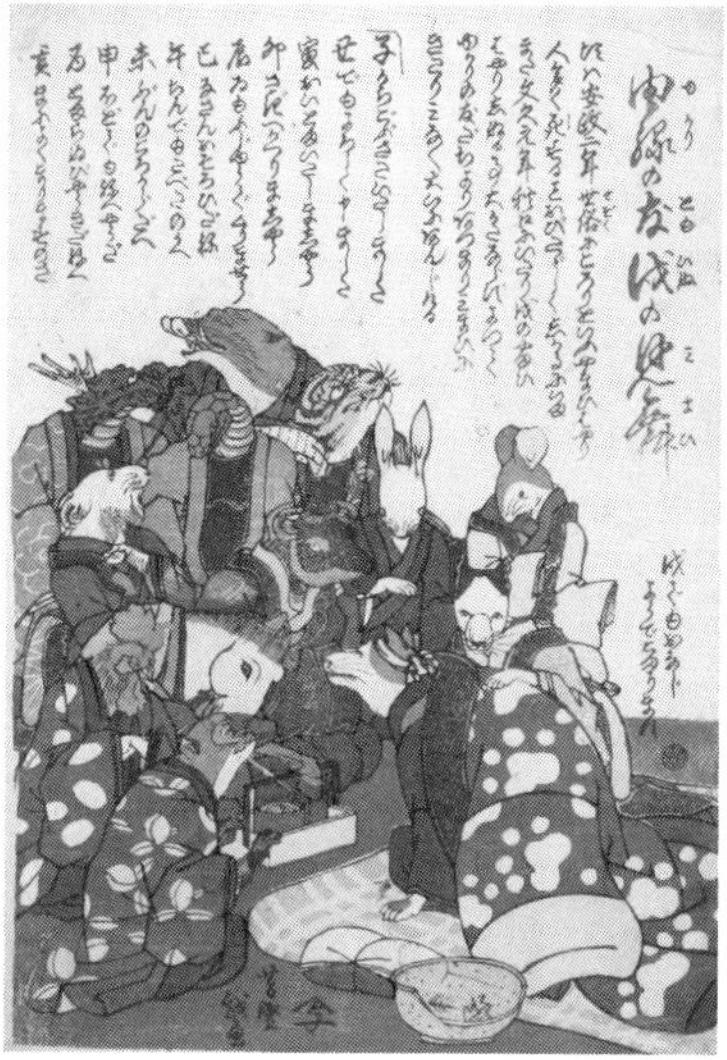
歌川芳盛「由縁の友戌の見舞」文久元（1861）年
都立中央図書館特別文庫室蔵

　同じく国芳の弟子だった歌川芳勝には、「流行金時ころりを除る法」という絵がある。これは、コレラに罹って苦しむ商家の妻のところへ旅の僧がやってきて、病人の枕元で唐辛子をいぶすよう勧めたというものである。亭主がその通りにすると、コレラは治った。旅の僧は、実は弘法大師だったというのがオチである。こうした話は少なくない。

この絵では、コレラが「ころり」として登場する。そう呼ばれたのは、症状が激しく、ころりと死ぬからである。ころりは、古呂利、虎烈刺、虎列拉、虎狼痢、虎狼狸などの漢字があてられた。

安政5（1858）年には、「流行病追討戯軍記《おどけぐんき》」という戯作まで作られた。これは、「狐狼利疫病の守」を大将とする疫病軍が暴れ回り、数万人が殺されたのに対して、「施　薬　虎之助頭諸人為成《せやくのかみとらのかみみなひとのためなり》」が大将軍となって、疫病除の軍を結成し、ようやく9月半ば頃に平和を取り戻すことができたという話だった。

こちらは、いつ描かれたものかはわからないが、「通神鳥《つかみどり》」という空想の鳥を描いたものもあった。この鳥は、頭は火葬場の人間で、胸は僧侶、そして、尻尾は薬屋だった。皆、コレラの流行でかえって儲かった人間たちである。火葬場は混雑したらしく、やはり安政5（1858）年に描かれたものに、「茶毘室《やきば》混雑の図」があった。

これに関連して、鯰絵に似たものがある。地震によって建物が倒壊したことで、大工など建築工事に携わる職人たちは大儲けした。それを反映し、職人たちが芸者を呼んで一席設け、鯰を歓待しているところが描かれている。江戸の人たちは、皮肉も忘れていなかったのだ。

コレラの流行は、幕末だけでは終わらず、明治に入っても繰り返された。明治19（1886）年に描かれたのが、「虎列刺退治」の絵だった。

コレラは、「虎狼狸」ということで、頭は虎、胴体は狼、そして、金玉は狸として描かれた。信楽焼の狸は金玉が大きく作られている。だが、実際の狸の睾丸は大きいわけではなく、かえって小さい。

なぜ、そんなイメージが生まれたのか。

「狸の金箔八畳敷き」がそのもとだった。江戸時代の金細工の職人は、少量の金を狸の皮に包んで叩き、八畳敷きまで伸ばしていった。そのことばが、「狸の金玉八畳敷き」と転訛され、それで、狸の睾丸は大きいというイメージが広まった。歌川国芳も、急に雨が降ってきたため、狸が金玉を傘代わりに使う絵（「狸の夕立」）などを描いている。

「虎列刺退治」では、虎列刺は巨大な金玉を使って人々を踏みにじっている。それに対して、鎧兜の衛生隊が何かを噴射しているが、それは消毒液の石炭酸だった。ただ、効き目はないようで、虎列刺は暴れ回っている。

コロナ・ウイルスを示す場合、一つには顕微鏡写真が用いられる。顕微鏡写真は必ずしも鮮明ではないし、色がついていない。

そこで、球体から小さな吸盤のようなものが数多く出ている模式図が使われるが、

「虎列剌退治」明治19（1886）年　東京都公文書館蔵

それは、顕微鏡写真を絵にしただけで、コロナ・ウイルスの性格を一目で表すものにはなっていない。そもそもコロナは、皆既日食の際に、太陽の周りにできる淡い光のことで、イメージは悪くない。それでは、とても、ウイルスの恐ろしさを表現できない。

なかには、そうした模式図に目や口を描いたイラストも一部では出回っている。たしかにそうなると、恐ろしさは増してくるが、それにどう対処してよいか、それが浮かんでこない。

歌川国芳「狸の夕立」嘉永年間（1848〜1855年）頃　都立中央図書館特別文庫室蔵

顕微鏡写真にとらわれずに、コロナ・ウィルスを描いた方がよいのかもしれない。肺炎を引き起こすわけだから、その点を強調するものが考えられるはずだ。

もちろん、コロナ・ウィルスを巧みに描き出したからといって、それで退治できるわけではない。それでも、神格化、人格化、あるいは動物化することで、扱い方、対処の仕方についての示唆は得られるかもしれない。

私たちに十分な想像力の働きがあるのか。今それが試されているのだ。

7　アマビエ

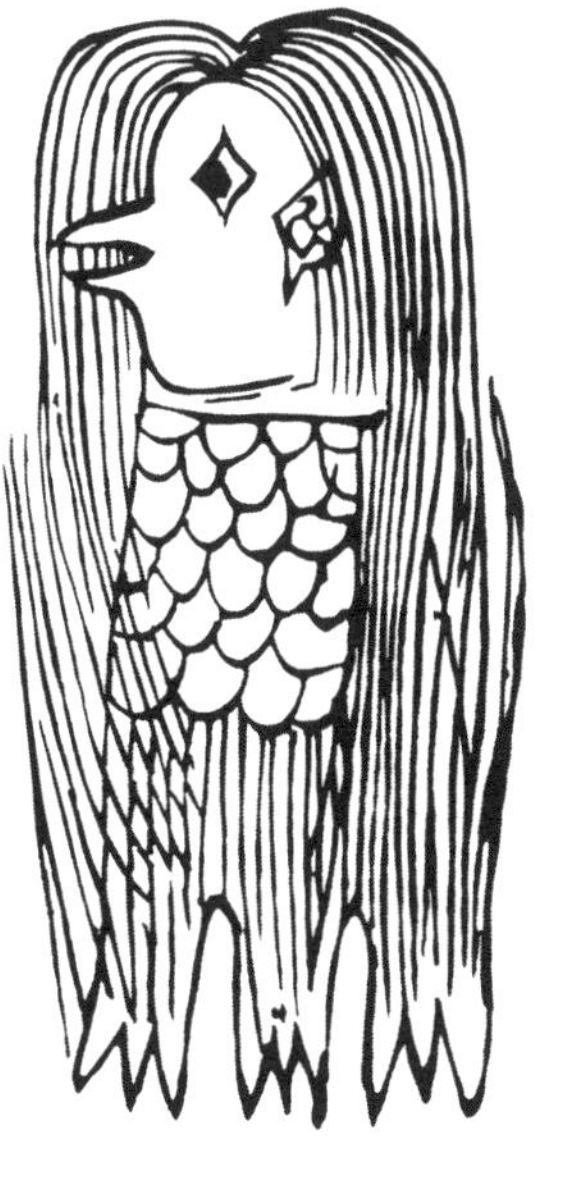

令和の時代に一躍脚光を浴びた予言獣の護符

アマビエ

効能：疫病除け

出現時期：江戸時代後期

使い方：絵図を飾る。

特徴：半人半魚の姿をしており、海中から光輝く姿で現れ、作物の豊凶や流行病に関する予言を行う。

出現場所：肥後国（熊本）、類種出現は日本各地

類似：海彦、あま彦、尼彦、天日子命、天彦、尼彦入道、天彦入道、アリエ

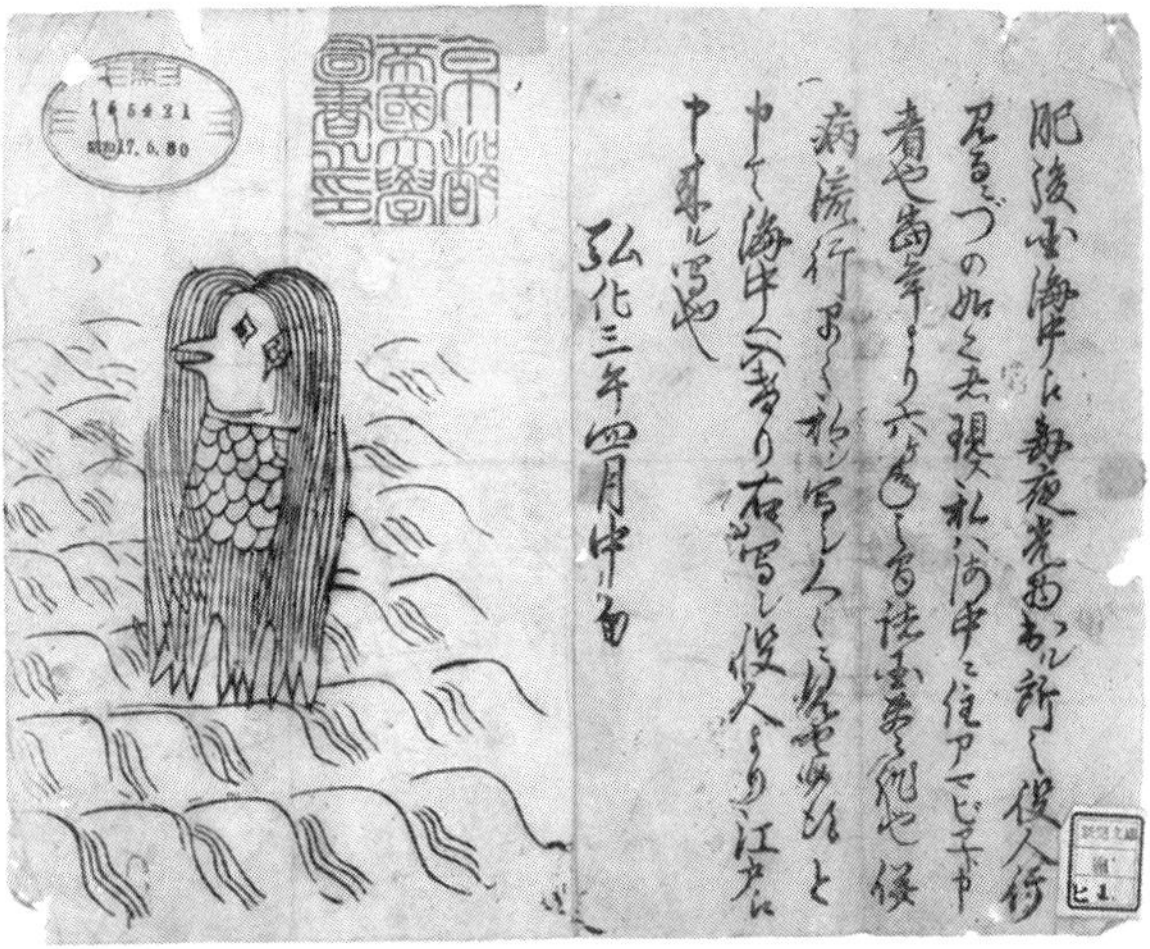

「肥後国海中の怪」として「アマビエ」の出現を伝える瓦版　弘化3（1846）年
京都大学附属図書館蔵

新型コロナ・ウイルスの流行によって一躍脚光を浴びた妖怪と言えば、「アマビエ」である。

その存在は、妖怪愛好家の間ではすでに知られていたものの、今回は、ツイッターからその存在が拡散された。ついには、厚生労働省が作成した感染拡大阻止を呼びかけるアイコンにも使われることにもなった。

実は私は、アマビエについて惜しいことをしたと思っている。というのも、2014年に刊行した『予言の日本史』

（NHK出版新書）のなかで、幕末時代に各地に出現した予言獣に言及していたからである。アマビエもその一つになる。

　ところが、本のなかで、予言獣として神社姫、姫魚、件《くだん》、そしてアマビコにはふれているものの、アマビエについてはふれなかった。アマビコはアマビエに近い。もし、その本でアマビエに言及していたら、「そんなことは、とっくに知っていたよ」と大見得を切ることができたはずである。

　ただ、私がアマビエにふれなかったのは、それが出現した出来事がただの1回だったからでもある。

江戸時代、肥後（熊本県）に出没したとされる「尼彦」の絵　湯本豪一記念日本妖怪博物館（三次もののけミュージアム）蔵

美女の顔に竜の胴体、剣の尾を持つとされる「神社姫」の絵　湯本豪一記念日本妖怪博物館（三次もののけミュージアム）蔵

アマビエの絵を載せている瓦版は、弘化3年4月中旬（グレゴリオ暦では1846年5月上旬）の日付の入ったもので、京都大学附属図書館が所蔵している。

そこには説明した文章も載せられており、それは、「肥後国海中え毎夜光物出る。所の役人行見るに、づの如く者現す。私は海中に住、アマビヱと申す者也。當年より六ヶ年の間諸国豊作也。併し、病流行、早々私写し人々に見せくれと申て、海中へ入けり」というものである。

肥後国、今の熊本県の海に毎夜、光る物が現れた。そこで役人が赴いたところ、絵のような者が現れ、「自分は海のなかに住むアマビエというもので、今年から6年の間は豊作が続くが、病も流行する。そこで、自分の姿を写して、人々にすぐに見せてくれ」と言って、また海中に消えたというのである。

アマビエが疫病の流行を予言し、それを防ぐ策を授けたということで、今回、注目が集まったのである。

私が本のなかで紹介した予言獣は、主に姫魚である。姫魚は、顔は人間の女性で、胴体が魚である。姫魚についてふれている摺物は、国立歴史民俗博物館に所蔵されている。

では、それはどのようなものなのだろうか。

姫魚が出現したのは、文政2（1819）年で、アマビエ出現の27年前になる。場所は、肥前国（現在の長崎県）平戸だから、熊本とは隣接している。その説明書には、次のように記されている。

此度肥前国平戸におゐて沖にうきあかる
姫魚龍宮より御使なり
此魚ものを云
七ケ年の間豊年なり
其印にハ北斗星の片傍に箒星出る
しかしころりと云病はやり人多く死す
我姿を絵に書一たひ見ハ此病をのかるへし
と云て直に海中へしつミにけり
文政二年卯之月十五日出ル

沖に浮き上がった姫魚は竜宮からのお使いで、姫魚が言うには、これから7年のあいだ豊作が続くが、一方で、「ころり」という病が流行り、多くの人が死ぬ。ただし、自分の姿を絵に描いて、それを見れば、病を逃れることができるというのだ。姫魚には角が2本はえていて、口には小枝をくわえている。姫魚の姿形について説明したところもあり、そこには、次のように記されている。

魚金色也
長一丈三尺
髪長一丈斗
背ニ宝珠ノ
玉三ツ有リ

たしかに胴体は金色に輝いている。一丈は約3メートルだから、かなり大きい。

ころりとは、「虎狼狸」のところで見たように、一般にはコレラのことと考えられている。だが、コレラが日本ではじめて流行するのは、文政5（1822）年のことである。

ということは、ここで言うころりはコレラではないことになる。斎藤月岑《げっしん》による江戸の地誌『武江《ぶこう》年表』では、文政2（1819）年の夏にころりという痢病が流行ったとされている。これは赤痢ではないかと推測される。この絵は、赤痢流行の際に、「ころり除け」として配られたものと考えられる。

アマビエと姫魚には共通性がある。

アマビエの性別ははっきりはしないものの、髪が長いので、女性、もしくは雌の可能性が高い。そこで姫魚と共通する。海に出現したことでも同じだ。

何より重要なのは、予言の内容である。どちらも、今後、豊作がもたらされるとともに疫病が流行るとしている。そして、自分の姿を写せば、病を逃れることができるというところで同じ対策法を指示している。

これからは、まず、角大師こと良源のことが思い起こされる。良源は、鬼になった自らの姿を写すように命じ、それは疫病除けになった。

玄宗皇帝が夢に見た鍾馗の話でも、その姿を写したものが疫病除けとして配られた。対処法はいずれも同じで、過去にそうした事例があったことがアマビエや姫魚に反映されている可能性がある。

直接アマビエや姫魚に影響を与えたと考えられるのが、錦絵に描かれた「亀女」である。

これは、寛文9（1669）年に越後国（新潟県）の福島潟に現れたもので、頭は人間の女性だが、胴体は亀である。光っているところでも、アマビエや姫魚と共通する。

予言の内容もほとんど同じで、今年は豊作だが、疫病も流行るとし、自分の姿を写して、それを貼り出し、朝夕それを拝めば、病を免れることができるというのである。

これまでアマビエについて紹介してきたのが、民俗学者の湯本豪一と長野栄俊である。湯本は、日本の妖怪について多くの本を書いているが、そのコレクションは、２０１９年に広島県三次市にオープンした湯本豪一記念日本妖怪博物館（三次もののけミュージアム）で展示されている。

「亀女」の錦絵　湯本豪一記念日本妖怪博物館（三次もののけミュージアム）蔵

長野には、「予言獣アマビコ考—

「海彦」をてがかりに」(『若越郷土研究』第49巻第2号、福井県郷土誌懇談会、2005年1月)という論文がある。長野は、湯本の著作をもとにしているとしているが、独自の発見もそこに含まれている。

長野の論文によれば、アマビエと似たものとして、海彦、あま彦、尼彦、天日子命、天彦、尼彦入道などがあるという。そのほとんどが、豊作と疫病の流行を予言している。

天保15(1844)年の海彦では、「日本之人七歩通り可死」と大量死を予言している。安政5(1858)年のあま彦でも、「人間六分死す」としている。

明治14(1881)年の天彦になると、豊作の予言はなく、「今より三十餘年の後ち世界消滅する期にいたり」「人種悉く天災に罹り尽ることとあらん」と、世の終わり、終末を予言している。消滅などということばを使っている点で、いかにも近代のものという印象を受ける。

予言獣が関心を集めたのは、幕末から明治にかけてのことで、その時代には、政治体制が根本から変わり、異国の脅威にもさらされた。その分、社会不安が高まっており、人々はこれからどうなるかに強い関心を持たざるを得なかった。

ただ、普通に考えれば、豊作と疫病は結びつかない。豊作であれば、人々の暮らしは安定するが、逆に不作だと、飢饉になり、それは疫病の流行に結びついた。あるいは、この時代には、そうした通常のパターンが通用せず、疫病に対する危機意識がとくに高まっていたのかもしれない。

では、こうした予言獣を描いた絵は、どのように活用されたのだろうか。それについては、長野が紹介している。

予言獣のなかには、実は、三本足の猿とか、見ざる聞かざる言わざるの三猿なども含まれるのだが、明治15（1882）年8月30日付の『読売新聞』には、市中の絵草紙屋で、コレラ除けとして、「三本足の猿の像」と「老人の面に鳥の足の付いたゐたいの分らぬ絵」が売られていたという記事が掲載された。

長野は、前者は安政5（1858）年のあま彦で、摺物の文言は、それとまったく変わらないものだと指摘している。絵を見れば、それで疫病を免れるとされているわけだから、コレラ除けとして売られても不思議ではない。

現代に甦ったアマビエを、コレラ除けならぬコロナ除けとして活用する人は、それほど多くはないだろう。むしろ、人々が願っているのは、コロナを退治してくれるワクチンの開発である。

現代のアマビエは、そのキャラクターとしての可愛さから、人気を集めている。それをふまえ、かつて大流行した、菓子のおまけについているビックリマンシールのデザインをしてきたイラストレーターが描いたアマビエがシールになった。シールには、アマビエとともに、「疫病退散」の文字が記されている。

ビックリマンシールが流行したのは1980年代のことで、そこでは、悪魔、天使、お守りの三つの種族の三すくみの物語が展開されている。アマビエなら、悪魔の種族ということになるのだろうが、疫病をもたらす神が、やがて疫病を退治する神に変化していくことからすれば、天使の種族にもなり得るはずだ。

このビックリマンシールについては、個人的に思い出すことがある。

それは、オウム真理教が世の中で注目されるようになった時期のことである。今は映画評論家として活躍している町山智浩が、まだ編集者だったとき、私の担当になったのだが、「あなたは宗教学者なのだから、オウム真理教について分析して文章を書いてくれ」と頼んできた。

そのとき、町山が資料として私に渡してくれたのが、ビックリマンシールの数々だった。現在のイメージでは、オウム真理教は凶悪なテロ集団ということになるが、その時期には、信者が麻原の着ぐるみで選挙活動をしたり、選挙カーの上で、オウム・シスターズがガネーシャの帽子を被って踊っているのが注目されていた。

町山は、オウム真理教のなかでは、子どもたちがするビックリマンシールごっこのようなことが行われていると感じたに違いない。なにしろ、シールに描かれたキャラクターたちは、オウム真理教の信者がめざした超能力を発揮し、変身と合体によって強力な存在になっていったからである。

シールになったアマビエが、明治14（1881）年の天彦のように、あるいはオウムのように、終末を予言するようにはなってほしくないものである。

8
件

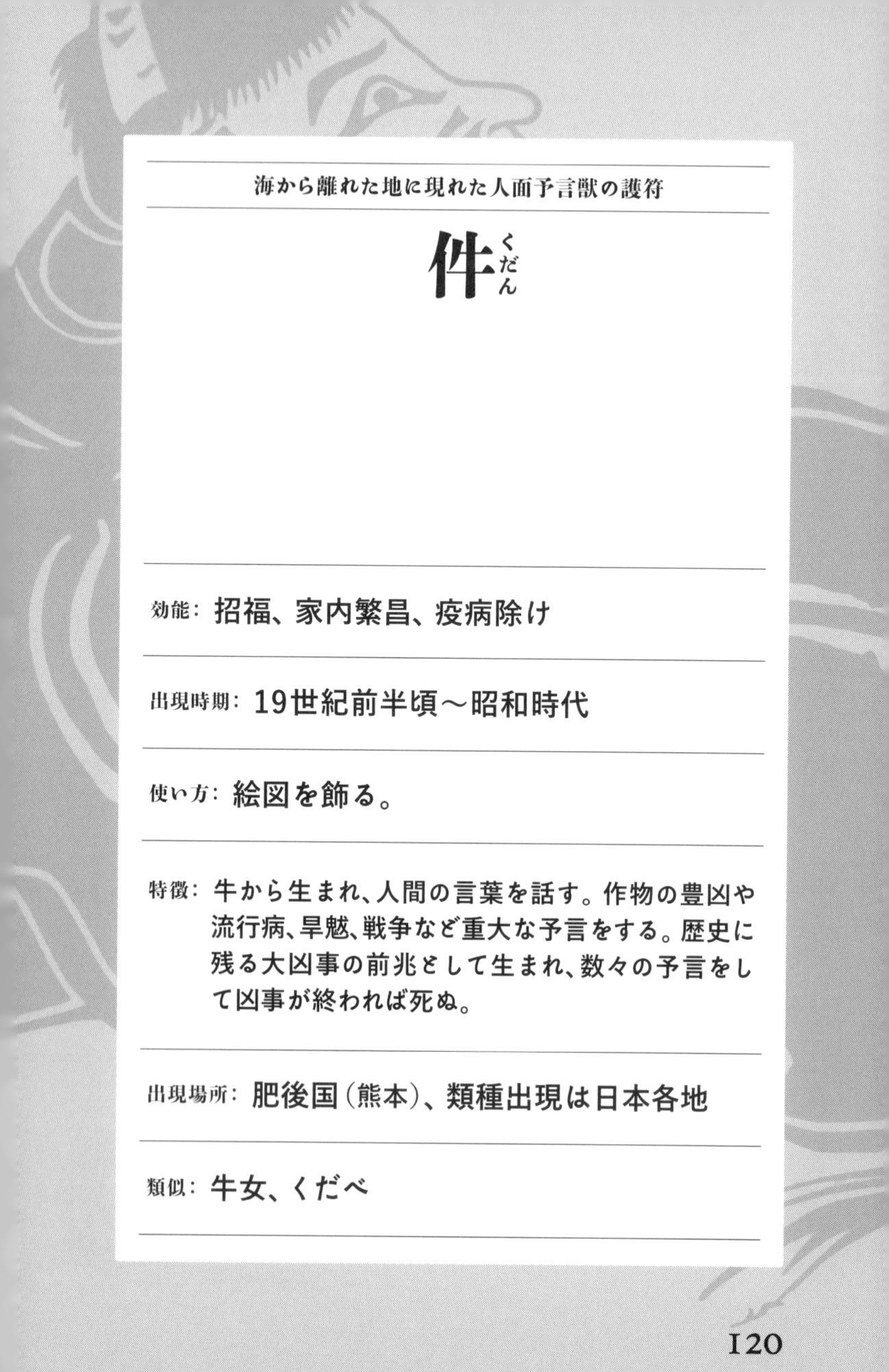

海から離れた地に現れた人面予言獣の護符

件《くだん》

効能：招福、家内繁昌、疫病除け

出現時期：19世紀前半頃～昭和時代

使い方：絵図を飾る。

特徴：牛から生まれ、人間の言葉を話す。作物の豊凶や流行病、旱魃、戦争など重大な予言をする。歴史に残る大凶事の前兆として生まれ、数々の予言をして凶事が終われば死ぬ。

出現場所：肥後国（熊本）、類種出現は日本各地

類似：牛女、くだべ

以前、「人面魚」なるものが流行したことがあった。写真週刊誌が火付け役だったようだが、魚のなかにはたしかに、顔が人間のように見えるものがある。予言獣の一つ、姫魚も人面魚である。

予言獣のなかには、顔は人だが、からだは牛というものがある。ギリシア神話に登場するケンタウロスは、からだは馬で、それに近いが、牛となると馬とはイメージが相当に違う。

この人面牛が、「件」である。

件について、その姿を描き、説明を加えているものに、天保7（1836）年の瓦版がある。これには「大豊作を志らす件と云獣なり」という大見出しがついている。その内容は、次の通りである。

天保七申十二月丹波の国倉橋山の山中に、図の如くからだハ牛、面は人に似たる件という獣出たり。昔宝永二年酉の十二月ニも此件出たり、翌年より豊作打ちつづきしこと古き書ニ見えたり。尤件という文字ハ人偏ニ牛と書いて件と読す也。然る心正直なる獣の故に都て證文の終にも如件《くだんのごとし》と書も此由縁也。此絵図を張置バ、家内はんしゃうして厄病をうけず、一切の禍をまぬがれ大豊年となり誠にめで度獣なり

件は、天保7（1836）年12月に、丹波国（現在の京都府）の倉橋山に出現したものだが、宝永2（1705）年12月にも出現したことがあると記されている。その際には、翌年から豊作が続いたというから、件の出現は吉兆として受け取られていることになる。

最後の部分には、この絵図を家に貼っておけば、疫病を避けることができ、一切の災いを逃れ、大豊年がもたらされるとされている。お馴染みのパターンである。

興味深いのは、件が正直な獣であるがゆえに、証文の終わりに、「件の如し」と書くとされている点である。

たしかに、証文や手紙では、それまで書いてきたことに間違いがないと念を押す意味で、文末は「件の如し」で結ぶ。ここでは、その始まりが件という獣に求められているわけだ。当然ながら、これは俗説に過ぎない。人と牛ということで件という漢字があてられ、そこからそんな俗説が生まれただけだろう。

丹後国・倉橋山で人面牛身の怪物「件」出現を伝える瓦版　天保7（1836）年

件が天保の時代に出現したのは、天保の大飢饉が起こり、豊作が強く願われたことが関係するとされる。ところが、件と同種類の予言獣は、なんと明治、大正を越えて昭和の時代にまで生き延び、太平洋戦争中にも出現している。

1944年4月に警保局保安課が作成した『思想旬報』には、最近の流言飛語の傾向として次の例をあげている。「戦争の終局近しとする流言も今年に入り著しく増加の傾向を示し、而も其の内容は一、○○で四脚の牛の様な人が生れ此の戦争は本年中に終るが戦争が終れば悪病が流行するから梅干しと薤《らっきょう》を食べれば病気に罹らないと云って死んだ」というのである。

ここでは、件とは呼ばれていないが、「四脚の牛の様な人」というのは、まさに件のことである。ほかにも、岡山県の阿哲郡哲西町（現在の新見市）では、人間と牛の合いの子が生まれ、「日本は戦争に負ける」と予言して死んだという話が伝わっている。

神戸でも、牧場で奇妙な牛が生まれ、それが日本の敗戦を予言して死んだという噂が広まった。また、件と名指しされた噂もあった。同じく神戸で件が生まれ、「三日以内に小豆飯かおはぎを食べれば空襲を免れられる」と予言したというのだ。こちらの噂は愛媛県の松山市にまで広がっている。

ここまで見てきた予言獣は、伝承の世界の存在であり、想像の産物である。絵は伝えられているものの、写真や剥製などは残っていない。

ところが、アマビエのところでふれた、妖怪を集めた「湯本豪一コレクション」のなかには、唯一現存するとされる件の剥製が含まれている。その件は、人間の胎児のようにも見える。

件に類似したものとしては、「牛女」というものがある。

件は顔が人間で、からだが牛だが、牛女は、反対に顔が牛で、からだが人間である。ただし、牛女の絵は残されていない。

牛女の噂は、兵庫県西宮市の甲山周辺で伝えられてきたものである。もともとは良家のお嬢さんだったが、生まれたときから頭にこぶがあり、それが大きくなって角のようになり、顔も牛のようになった。

両親は、その姿を恐れ、娘を座敷牢に閉じ込めてしまった。ところが、太平洋戦争のときに空襲があり、屋敷は焼け落ちてしまう。それによって、牛女は解き放たれたというのである。

そして、牛女出現の噂がたびたび立てられるようになる。1980年代には、西宮市にある高野山真言宗の寺院、鷲林寺《じゅうりんじ》に牛女がいて、境内にある祠を三周すると、牛女が現れ、追いかけてくるという噂が立った。その祠とは、荒神堂のことで、そこには麁乱荒神《そらんこうじん》が祀られている。麁乱荒神は、台所などに祀られる三宝荒神の一つである。荒神堂には、荒神の眷《けん》属として牛が祀られていることが、噂を生むことにつながったようだ。

この噂を聞きつけた若者たちが鷲林寺にやってくるようになった。肝試しのためである。それが騒がしいので、寺の側は、牛女は引っ越したという掲示をしたらしい。これで、騒ぎはおさまったとされるが、本当だろうか。牛女が出現した峠に若者たちが集まってきたという話もある。

件の場合、それが出現したのは、京都、岡山、兵庫であり、関西とその周辺ということになる。牛女も兵庫である。これは、アマビエの類が、新潟や九州の海岸に出現しているのとは地域的に違いがある。

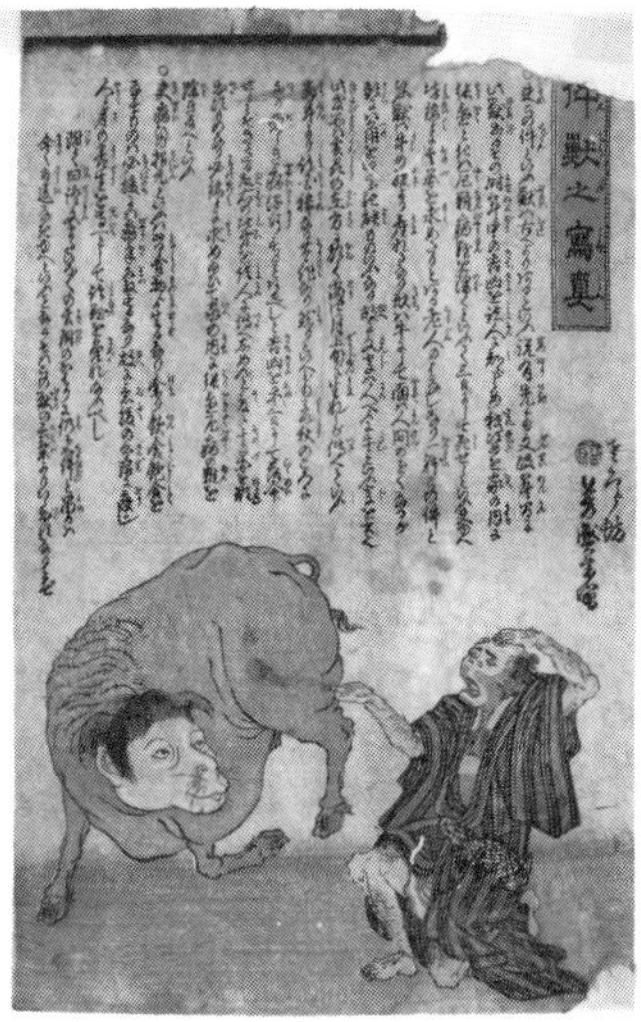

出雲で生まれた件の予言を伝える「件獣之写真」慶応3（1867）年　湯本豪一記念日本妖怪博物館（三次もののけミュージアム）蔵

阪神大震災が起こったときには、被災者の救助にあたっていた自衛隊員が、崩壊した街のなかに、件がたたずんでいるのを見たという噂も伝わっている。これも兵庫ということになる。

古代から人類は予言というこ

とに強い関心を持ってきた。たしかに、予言が的中してくれるものなら、予め備えをしておくことができる。

実際、歴史上には数多くの予言者が現れ、さまざまな予言を行ってきた。なかには、その予言が的中したと主張する者もある。

ただし、たとえ予言が的中したのだとしても、それがどの程度正確に事態を言い当てているのかは定かではない。

もし、将来において日本に大地震が起こると予言したとしたら、これは１００パーセント当たる。日本は地震国であり、これまで数多くの大地震に見舞われてきたからである。

疫病についても、将来においてそれが流行すると予言すれば、やはり間違いなく当たる。問題は、時期を特定できるかどうかである。

科学の力をもってしても、地震は予知できない。そのことは、東日本大震災で実証された。疫病も、その流行の可能性について警鐘を鳴らすことはできても、時期の予測や、どういった病が広がるかまでは言い当てることはできない。

将来は不確定で、起こってみなければ、どうなるかはわからないのだ。人類は、ずっとその状態のまま歴史を重ねてきた。

アマビエの予言にしても、それが出現した弘化3(1846)年から、弘化の次の嘉永年間まで、ずっと豊作だったかはわからない。ただし、疫病は流行したという記録はない。災害としては、弘化4(1847)年に長野を中心に「善光寺地震」が起こったことがあげられる程度である。

予言獣は、繰り返し出現しているので、たまたま疫病の流行を予言することになったものもあるかもしれない。予言獣を描いた摺物は、予言として読まれるというよりも、疫病除けの効果を期待されて広まったと考えられる。

コロナ・ウイルスについて、その流行を予想したとされる書物が注目を集めている。日本では、２０１０年に刊行された高嶋哲夫の『首都感染』（講談社）がある。時期は特定していないものの、中国の雲南省で致死率の高いインフルエンザが発生し、それが日本でも広がって、東京が封鎖されるという事態が起こるとしたフィクションである。

海外では、40年前に刊行されたものだが、Dean Koontz,"The Eyes of Darkness"には、「武漢４００」と呼ばれるウイルスが登場し、それが実験室で武器として作られたものとされているので、今回改めて話題になっている。ただこれは、ミステリー小説である。

また、超能力者を自称し、２０１３年に亡くなったシルヴィア・ブラウン（Sylvia Browne）の２００8年刊行の"End of Days: Predictions and Prophecies About the End of the World"という著作では、２０２０年頃に、肺炎のような重篤な病が世界に広がると予言されていた。

果たして、この予言が的中したと言えるのかどうかは判断が難しい。ブラウンは、テレビで透視によって犯人を発見することを売り物にしていたが、当たったと思えるものもあれば、完全に外れたものもあるからである。本に書かれた予言の多くが的中しなければ、予言の能力があるとは評価できないだろう。

世界中には、彼女のような予言者が無数にいて、それぞれが膨大な未来予測を行っているので、そのなかにコロナ・ウイルスの流行を予言したとするようなものがあっても不思議ではない。

ただ興味深いのは、欧米では、アマビエや件のような予言する動物に注目が集まってはいないことだ。サッカーのワールドカップのときには、毎回、勝敗を予言する動物が登場する。2010年の南アフリカ大会では、タコのパウル君が注目された。

それからすれば、欧米にも予言獣が現れてもよさそうだが、今のところそれは見かけない。欧米には、そうした伝統がないからだろうか。興味のわくところである。

9

摩多羅神

疫病除けのほか多彩な性格をもつ異端の神の護符

摩《ま》多《た》羅《ら》神《じん》

効能：疫病除け、願望成就

出現時期：9世紀中頃（遣唐使団の円仁が帰朝した847年）～鎌倉時代、明治以降

使い方：正しい意図をもって心をこめてお祀りする。その力を奮発するためには跳ね踊り、唱和なども有効。

特徴：願望成就の大きな力となるが、不敬があると逆に障害を引き起こす障礙神。荒神。常行堂では阿弥陀仏を後方より守護。京の三大奇祭の一つ、太秦の牛祭の主役でもある。

出現場所：日本各地

私は、2019年秋に出雲を旅していて、興味深い場所にぶちあたった。

出雲と言えば、出雲大社がもっとも有名だが、中世から近世のはじめにかけて出雲大社の別当寺になっていたのが鰐淵寺《がくえんじ》である。正式な名称は浮浪山一乗院鰐淵寺である。別当寺とは、神仏習合の時代に、神社を管理していた寺院のことを指す。

鰐淵寺が一乗院を名乗っているところからは、それが天台宗の古刹であることがわかる。一乗は、衆生はすべて成仏できるとする法華経の教えを示すキーワードである。天台宗は法華経を信奉する宗派である。

天台宗は、中国で天台大師智顗《ちぎ》が創始し、日本では伝教大師最澄が始めた宗派である。角大師ともなった良源は天台座主をつとめたことがあり、最澄が開いた比叡山の中興の祖でもあった。

現在の鰐淵寺は、交通が不便なこともあり、紅葉の時期を除けば、訪れる人はそれほど多くはない。だが、概して天台宗の古刹には興味深いところがある。九州の大分県にある国東半島には、天台宗の古刹が多く、中世の仏教信仰の世界がどのようなものであったのかを教えてくれる。

鰐淵寺については、蔵王堂が名高い。これは岩のなかに建てられた堂宇で、その前には高さ18メートルの浮浪の滝が流れ落ちている。まさに奇観である。岩のなかにある堂宇と言えば、三徳山三佛寺投入堂がよく知られているが、それもお隣の鳥取県にある。山陰にはこうしたものが多い。

鰐淵寺の本堂は根本堂と呼ばれる。階段を上って、そこにたどり着くと、根本堂の脇に、摩陀羅神社が建っているのが目に入る。摩陀羅は摩多羅とも書くが、この神を祀る神社は全国でも珍しい。

一般的に、摩多羅神は常行堂という建物の本尊として祀られる。鰐淵寺でも、摩陀羅神社の手前には常行堂が隣接して建てられている。摩多羅神を祀る常行堂は、天台宗の総本山比叡山延暦寺にあるし、日光の輪王寺や平泉の毛越寺《もうつうじ》などにもある。

摩陀羅神社は、もとは出雲大社の北東にあたる唐川町後野にあったとされる。そこには現在、韓竈《からかま》神社という、これもまた変わった神社が鎮座している。私はまだそこに行ったことがないのだが、参道は険しく、最後は45センチの隙間しかない岩の割れ目を通らなければ、神社には行き着けないらしい。

弁慶も修行したといわれる浮浪滝とその滝壺の奥に建つ鰐淵寺の蔵王堂　写真提供：出雲観光協会

摩陀羅神社を見てから、鰐淵寺の入り口にある受付に戻り、そこにいた僧侶に、神社のことを聞いてみた。何かそこでは秘儀が行われるようだが、詳しいことは教えてもらえなかった。

ただ、常行堂でどのような

ことが行われるかは推測することができる。

というのも、2018年6月には、国立劇場の民俗芸能の公演で、毛越寺で正月20日に営まれる「二十日夜祭《はつかやさい》」の芸能、「延年の舞」を見たことがあったからである。二十日夜祭は、摩多羅神の祭礼である。

延年の舞と言えば、歌舞伎の「勧進帳」で、弁慶が舞うものだが、本来は平安時代中期から各地の大寺院で行われてきた芸能である。したがって、毛越寺の延年の舞では、僧侶が舞う。そして、延年の舞の前には、常行三昧供《じょうぎょうざんまいく》という法要が営まれるのである。

その毛越寺の延年の舞のなかに、「祝詞《のっと》」というものがある。これは、僧侶が台詞を唱えるものなのだが、小声でつぶやくだけなので、観客にはまったく聞こえない。どうやら、摩多羅神の本地仏とその利益について述べ、願いが叶い、息災延命がはかられることを祈っているらしい。

岩手・奥州市の黒石寺蘇民祭　NurPhoto／ゲッティイメージズ

実は、毛越寺では、延年の舞が奉納される前に、「蘇民祭」が営まれる。これは、下帯姿の男たちが、松明と「蘇民将来」と記した灯りを持って行列し、最後は、護符の入った蘇民袋を奪い合うものである。これは、「献膳上り行列」と呼ばれる。

この蘇民祭は、明治15（1882）年に岩手県奥州市の黒石寺から伝えられたものである。黒石寺の蘇民祭は、下帯などつけず全裸で行うのが伝統になってきたが、下帯着用が義務づけられても、一部が全裸で参加するため、警察や文部科学大臣を巻き込んだ騒動にまで発展した。ポスターがセクハラと見なされたこともあった。神事だけに、扱いが難しい。

それはともかく、延年の舞と蘇民祭が結びつくのは、どちらにも、疫病除けの信仰がかかわっているからである。つまり、摩多羅神は疫病除けの神なのである。

そのことをはっきりと示しているのが、京都太秦《うずまさ》の広隆寺で行われる「牛祭」である。広隆寺は京都最古の寺院とも言われ、弥勒菩薩像など多くの国宝の仏像を所蔵していることで知られる。現在は真言宗の単立寺院になっている渡来人である秦氏の氏寺で、聖徳太子、ないしは聖徳太子信仰と関係が深い。

広隆寺に伝わる「牛祭」は、隣接する大酒《おおさけ》神社の祭で、10月12日に行われる。大酒神社は、延長5（927）年に完成した『延喜式神名帳』にもある古い神社で、祭神のもとの名は大辟神であった。現在の祭神は、秦始皇帝、秦氏の弓月王《ゆづきのきみ》と秦《はたの》酒公《さけのきみ》である。なお、大酒神社は以前は広隆寺の境内にあった。そのことは、江戸時代の「都名所図会」からもわかる。

牛祭は、長和年間（1012〜1017年）に、日本に浄土教信仰を広める上で大きな働きをした『往生要集』の著者、恵心僧都源信が、念仏の守護神として摩多羅神を勧請したことに始まるとされる。

常行堂は常行三昧堂とも呼ばれ、比叡山延暦寺の西塔《さいとう》にあるものがもとになっている。常行堂の本尊は阿弥陀仏で、そこでは常行三昧という行が営まれる。常行三昧は、90日間にわたって念仏を唱えながら阿弥陀仏の周囲を回り続ける行で、その間は座ることは許されない。疲れたら、天井から下げられた紐につかまって休むのである。

牛祭では、神主が摩多羅神の仮面をつけて牛にまたがり、やはり仮面をつけた四天王の持つ松明に先導されて、境内と周辺を一巡する。そして、広隆寺の境内にある薬師堂の前で祭文を唱える。すると、参拝者が読み方が悪いとけちをつけ、摩多羅神と四天王は堂内に駆け込むことになる。変わった祭である。そこから牛祭は、今宮神社のやすらい祭、由岐《ゆき》神社の鞍馬の火祭とともに京都三大奇祭に数え上げられている。

疫病除けとのかかわりは、摩多羅神の読み上げる祭文に示されている。そこでは、「堵《ふせぐ》は、あだ腹、頓病、すはふき、疔瘡、ようせふ、閒風。ここには尻瘡、蟲かさ、うみかさ、あふみ瘡、冬に向かへる大あかがり、竝にひひいかひ病、鼻たり、おこり、心地具つちさはり、傳死病」とある。個々の病が何を指すかは必ずしも明らかではないが、疫病を列挙したものと見ることができる。

ではいったい、摩多羅神とはどういう神なのだろうか。

もともとは、最澄の弟子で、唐に渡り、密教を中心に多くをもたらした円仁が、帰国する船のなかで、虚空からその声を聞いたのが始まりとされる。従って、中国からもたらされた神であると言えるが、道教の神というわけではない。

摩多羅神は三尊からなるもので、丁禮多《ていれいた》・爾子多《にした》という二童子を従えている。主神は、鍾馗と同じような中国風のかぶり物を戴き、日本風の狩衣を身にまとっている。手には鼓をもっていて、不気味な笑顔を浮かべながら、それを叩いている。二童子は、笹の葉と茗荷の葉を肩にかつぎ、鼓に合わせて踊っている。

前にふれた山本ひろ子の『異神』では、口絵に比叡山の常行堂に祀られた摩多羅神の神像の写真が掲載されている。それは主神単独で、童子を伴っていないが、やはり鼓を打ち、歌っているように見える。

中央にその神像が描かれた「摩多羅神二童子図」（日光山輪王寺蔵）

実は、摩多羅神には、芸能の神としての性格もある。延年の舞に登場するのも、それが関係する。その点については、『異神』にも述べられているが、ここではふれる必要がないであろう。

摩多羅神は、不気味な笑みを浮かべていることを除けば、決して恐ろしい神には見えない。

むしろこの神と関連し、容貌が魁偉なのが、円仁の後に唐に渡った円珍が日本にもたらした新羅明神《しんらみょうじん》である。新羅明神は、天台寺門宗の総本山である園城寺（三井寺）の守護神とされ、新羅善神堂に祀られている。

園城寺は、同じ天台宗の比叡山延暦寺とは対立抗争の歴史を繰り広げ、延暦寺が「山門」と呼ばれたのに対して、「寺門」と呼ばれてきた。規模は延暦寺に及ばないものの、多くの貴重な文化財を所蔵していることで知られる。比叡山のように、焼き討ちに遭うことがなかったからである。

ただ、仏像については秘仏とされるものが多く、写真さえ公開されないことがある。その代表が、青不動（青蓮院）と赤不動（高野山明王院）とともに日本三不動と称される黄不動である。これは、仏像ではなく、絵像である。

新羅明神も秘仏の一つである。私は、2008年にサントリー美術館で開かれた『国宝三井寺展』で黄不動とともに拝観したが、目尻がはなはだしく下がっており、その顔は異様である。いかにも、異国からもたらされた神という印象を受けるが、これも疫病除けの神であるとされる。園城寺に伝わる『園城寺伝記』では、新羅明神は「疫気ヲ消シ災難ヲ攘《はら》フ」とされている。

したがって、これは山本が『異神』で指摘していることだが、新羅明神は素戔嗚尊と習合した。素戔嗚尊は、疫病除けの神の代表、牛頭天王とも習合しているわけで、そうした性格をもつ神々は、同一のものと考えられていたのである。

摩多羅神にしても、新羅明神にしても、その正体はまだ十分には明らかにされていない。あるいは、疫病への恐れが、日本の人々の想像力を掻き立て、異形の神、異神を招き寄せたのかもしれない。

10

源為朝

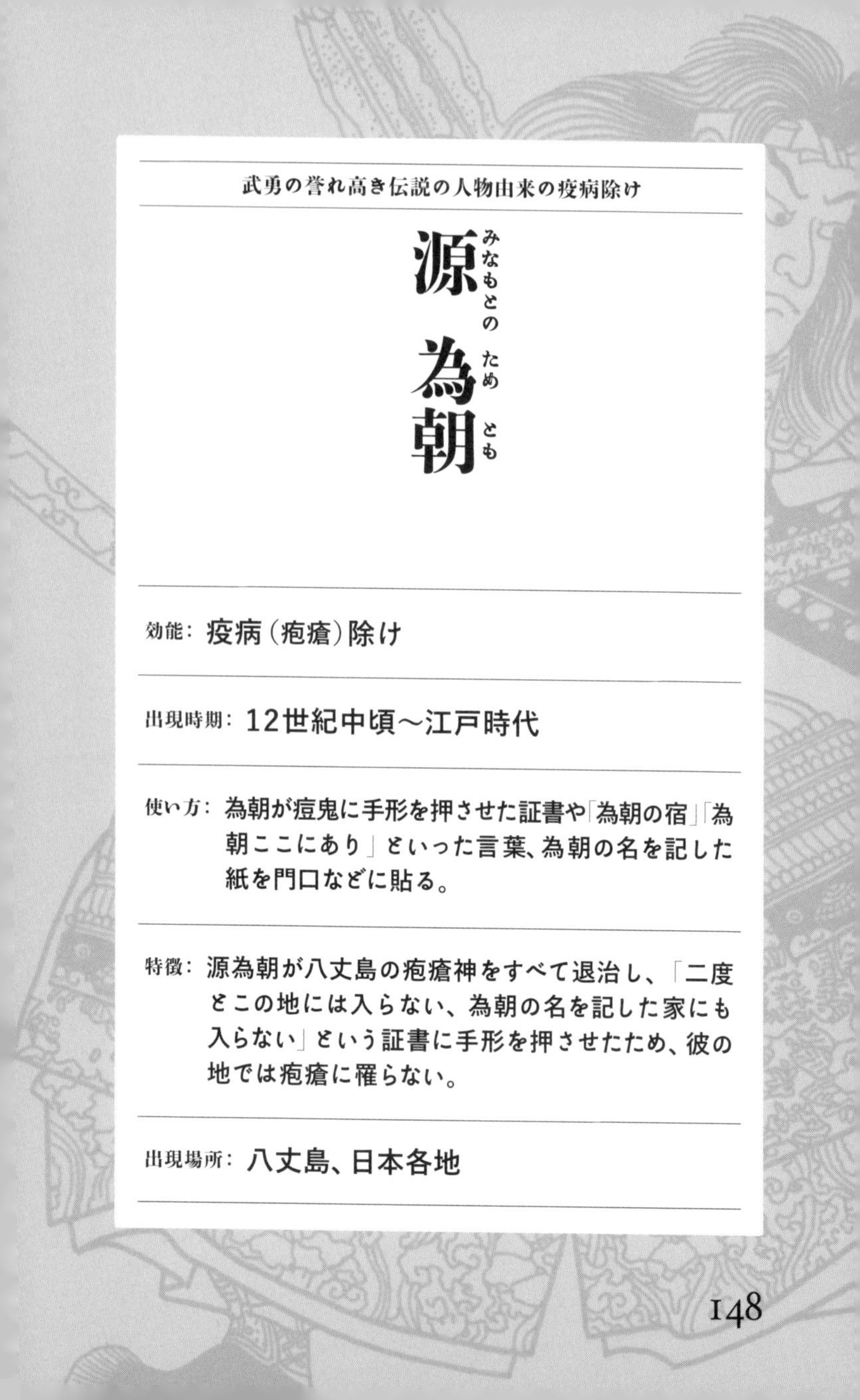

武勇の誉れ高き伝説の人物由来の疫病除け

源《みなもとの》 為《ため》朝《とも》

効能：疫病（疱瘡）除け

出現時期：12世紀中頃～江戸時代

使い方：為朝が疱鬼に手形を押させた証書や「為朝の宿」「為朝ここにあり」といった言葉、為朝の名を記した紙を門口などに貼る。

特徴：源為朝が八丈島の疱瘡神をすべて退治し、「二度とこの地には入らない、為朝の名を記した家にも入らない」という証書に手形を押させたため、彼の地では疱瘡に罹らない。

出現場所：八丈島、日本各地

摩多羅神のところで、弁慶についてふれた。歴史上の人物としての武蔵坊弁慶についてては、鎌倉時代の歴史をつづった『吾妻鏡《あづまかがみ》』で源義経の郎党であったとされてはいるものの、詳しいことは述べられていない。

したがって弁慶は、物語のなかでの人物として考えた方がいいだろう。

摩多羅神を祀る比叡山西塔の常行堂は、法華堂と対になっていて、この二つの堂宇は廊下で結ばれている。二つは「になない堂」とも呼ばれるが、それは、弁慶が渡り廊下を天秤棒のようにして担いだという伝説があるからである。

弁慶が仕えたとされる義経が実在の人物であることは間違いない。鎌倉幕府を開く源頼朝とは兄弟である。

ところが、義経については、『吾妻鏡』でその動向が記されてはいるものの、詳しい行動、功績については述べられていない。私たちが知っている義経の事績は、軍記物語に描かれたものであり、その集大成となった室町時代の『義経記《ぎけいき》』に主によっている。

容貌についても、『義経記』では、「容顔世に越えておわす」と、美形とされてはいるが、『平家物語』では、背が小さく、容貌は劣っていたと記されている。

兄頼朝の場合には、京都の神護寺に伝わっている立派な肖像画があり、いかにも幕府の総大将の趣を感じさせる。ただし、この肖像画は、「伝源頼朝像」であり、別人の可能性もある。

私たちは、鎌倉時代や鎌倉幕府のことなら、多くのことが判明していると考える。けれども、幕府は京都から離れた鎌倉に位置しており、鎌倉に公家や僧侶が多くなかったため、記録が少ない。鎌倉時代の歴史は、意外と明らかになっていないのである。

義経は最期、平泉の衣川館を攻められ、そこで自害したとされている。しかし、後世には、そこでは死ななかったという伝説が次々と生み出されていった。蝦夷地に逃れ、そこから中国大陸に渡り、モンゴル帝国を生んだジンギスカンになったという伝説はよく知られている。もちろん、これは史実ではない。

頼朝と義経の父にあたるのが、河内源氏につらなる源義朝《よしとも》である。義朝の父が為義《ためよし》になるが、為義の八男が為朝である。為朝は、頼朝、義経の叔父にあたり、鎮西八郎《ちんぜいはちろう》を名乗った。

頼朝にも義朝にも伝説は少ないが、為朝は、義経と肩を並べるほどの伝説上の人物である。

弓術に優れていたという話もあるが、伊豆大島に流刑になったため、大島をはじめとする伊豆諸島では、多くの為朝伝説が残されている。三宅島、八丈島、青ケ島にも渡ったとされ、鬼が島に渡って、鬼を郎党にしたという話まである。実際の為朝は伊豆大島で自害している。

さらには、沖縄、当時の琉球に渡ったという伝説もある。琉球へ逃れた為朝は、豪族の大里按司《あじ》の妹を妻とし、その間には尊敦《そんとん》という子どもが生まれた。為朝は、妻子を残して帰国してしまうが、尊敦は初代の琉球国王である舜天《しゅんてん》になったというのである。

舜天は、12世紀から13世紀の王とされるが、実在したかどうかはわからない。伝説上の存在と考えられるが、琉球王朝の正史では、舜天の父親を為朝としている。

原田信男が『義経伝説と為朝伝説—日本史の北と南』（岩波新書）で詳細に述べているように、義経の伝説が蝦夷地、つまりは北海道よりも北に広がっているのに対して、為朝の伝説は、伊豆諸島から琉球という南に広がっている。ただし、為朝の場合には、義経とは異なり、琉球からさらに別の国に渡って、そこを支配したという伝説は存在しない。

この為朝の伝説を江戸時代に物語化したのが、曲亭馬琴（滝沢馬琴）の読本《よみほん》『椿《ちん》説弓張月《せつゆみはりづき》』である。原田によれば、この読本が刊行された時代には、琉球のことが

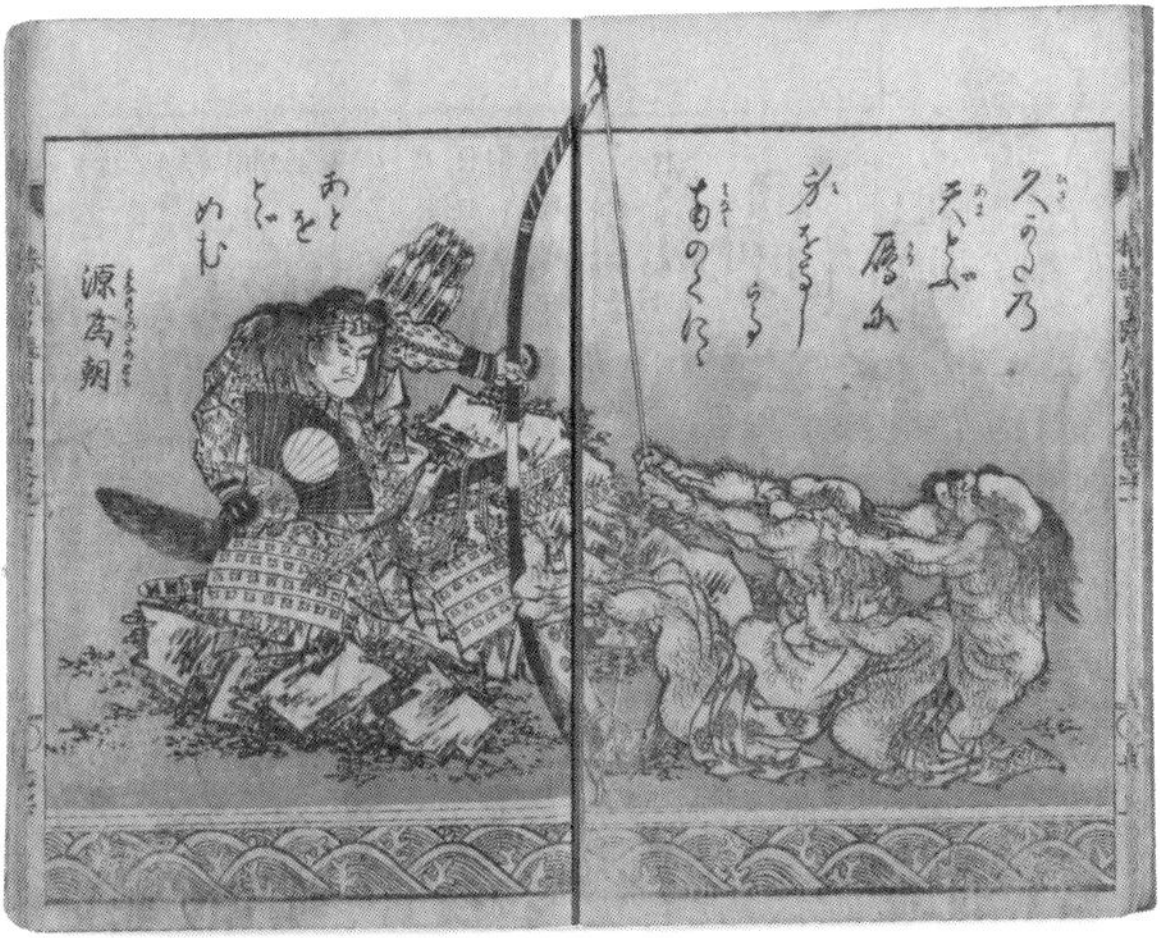

曲亭馬琴作・葛飾北斎画『鎮西八郎為朝外伝 椿説弓張月　前編巻之一』文化4～8（1807～1811）年　国立国会図書館デジタルコレクション

ブームになっており、為朝が琉球王朝の祖であるという伝説は『椿説弓張月』を通して一気に広がったという。

『椿説弓張月』は浄瑠璃や歌舞伎にもなっているが、戦後には、三島由紀夫が歌舞伎の脚本を書き、国立劇場で初演されている。その後、歌舞伎座や新橋演舞場でも再演された。

　では、為朝と疫病はどう関係するのだろうか。江戸時代には、疱瘡などの疫病が流行した際に、門口に「為朝の宿」「為朝ここにあり」と書いておくと、疫病に罹らないという俗信が生まれた。

それは、疫病をもたらす神が、為朝の武威を恐れるからだともされるが、八丈島でのことが、そこにかかわっている。八丈島へ来た為朝が、疱瘡神をすべて退治してしまったので、八丈島の人間は疱瘡に罹らないという俗信があったというのだ。

こうした疫病除けの神として為朝を描いたものとしては、ここまで何度か登場した歌川国芳に為朝と疱瘡神を描いたものがある。為朝は、自慢の弓を地面に突き立てているが、その前には、老人や子ども、ウサギや犬、達磨などの形をとった疱瘡神が座り込んで、もう悪さをしないと謝り、約束手形を差し出している。そこに描かれた疱瘡神に赤が多く使われているのは、すでに述べたように、それが疱瘡のシンボルだからである。国芳は、疫病について特別な関心があったのだろうか。

国芳よりも後の時代に活躍した浮世絵師に、月岡芳年がいる。芳年は明治25（1892）年まで生きており、明治時代にも盛んに作品を発表していたので、最

歌川国芳「鎮西八郎為朝　疱瘡神」嘉永4（1851）年頃　都立中央図書館特別文庫室蔵

後の浮世絵師とも呼ばれるが、その画風は、江戸時代の浮世絵とは異なり、かなり写実的である。

その芳年に、「為朝の武威痘鬼神を退くの図」がある。これは、妖怪の図集である『新形三十六怪撰』に含まれるもので、為朝はやはり弓を携えているが、それを使わないでも、痘鬼神たちは恐れをなし、逃げ惑っている。こうした為朝のとらえ方は、鍾馗に通じていると言えよう。『新形三十六怪撰』は、明治22（1889）年に刊行が始まり25年に完結した。そのとき、芳年はすでに亡くなっていた。

為朝を祀った神社としては、横須賀に為朝神社がある。あるいは、そこに近い三崎の海南神社の境内には疱瘡神社があり、祭神は為朝である。

また、八丈島には為朝神社や為朝神社石宮がある。大分の雄城《おぎ》神社も、為朝が創建したとされ、祭神としても祀られている。

疫病除けに紙を貼り出すということでは、こちらは明治時代のことになるが、「久松留守」というものもあった。

久松は、お染久松の物語に登場する。この物語は、宝永7（1710）年に大坂で起こった心中事件をモデルにしたものである。久松は、大坂の野崎村（現在の大東市）の出身で、久作という百姓に育てられた。それが、奉公に出た質屋の油屋で、そこの娘、お染と恋仲になる。それは許されない恋で、二人は心中してしまう。

明治23（1890）年から翌24年にかけては、「アジアかぜ（ロシアかぜ）」が流行する。それはインフルエンザで、これを通してはじめてインフルエンザのことが日本で知られるようになったが、「お染風」と呼ばれた。

なぜ、そんな名前がつけられたのかと言えば、これは、「半七捕物帳」で知られる岡本綺堂が推測していることだが、お染が久松にすぐにほれてしまったように、すぐに感染するからだという。

お染とくれば、久松である。お染風に罹るのは、久松でなければならない。そこで、門口に「久松留守」と書いておけば、インフルエンザにも罹ることはないというわけである。綺堂が書いているところでは、「お染御免」という紙札を貼った家もあったという。

久松留守は、ただ紙にその文字を書くだけなので、疫病除けとしてもっとも手軽な方法である。だが、手軽な方法は、あまり効くとは考えられないし、文字としても弱い。「久松るす」とひらがなを使って書いたものもあるが、これだと疫病除けとは思えない。為朝を描いた絵にははるかに劣る。綺堂によれば、その後もインフルエンザが流行したものの、一回限りで途絶えてしまったという。

綺堂は、このことを「お染風」という随筆につづっているが、その最後には、「ハイカラの久松に憑《の》着くにはやはり片仮名のインフルエンザの方が似合うらしいと、私の父は笑っていた」と書かれている。そして、「そうして、その父も明治三十五年にやはりインフルエンザで死んだ」で締めくくられている。インフルエンザがいかに多くの人の命を奪ったかがわかる。

疫病の正体がわからない時代には、さまざまな護符を貼り出すしかなかった。あるいは、俗信やまじないに頼るしかなかった。

もちろん、そんなものに直接的な効果があったわけではない。その点では、みなただの迷信であるとも言えるが、今回のコロナ・ウイルスの流行でも、数多くの流言飛語が飛び交った。現代の私たちが俗信とはまったく無縁になったわけではないことも事実なのである。

ここまで見てきたところで、疫病除けとして信仰の対象になった主なものは網羅している。

ただ、それほどメジャーにはなっていないものもある。

たとえば、これはコロナ・ウイルスの流行で発掘されたものと言えるが、江戸時代末期に石川県に現れた予言する鳥というものがある。

その鳥は、甲斐国市川村（現在の山梨県山梨市）の村役人だった喜左衛門という人物が、安政5（1858）年に書いた「暴瀉病《ぼうしゃびょう》流行日記」に出てくる。

喜左衛門はそこで自分が聞いた噂話について書いているが、それは、「鳥が去年の12月、加賀国白山に現れて言うには『来年8、9月のころ、世の中の人が九割ほど死ぬ難が起こる』」というものである。

そこには、体全体が黒く、二つの頭がある鳥が描かれている。頭は黒と白に塗り分けられている（『中日新聞』2020年4月27日）。

この鳥の予言は、アマビエの予言に似ており、予言獣の一種ということになる。この日記を所蔵する山梨県立博物館は、この鳥を「ヨゲンノトリ」と名付けツイッターで発信した。

安政5（1858）年というのは、コレラが大流行した年である。ここで言われる暴瀉病はコレラのことを指している。

同じ年の疫病除けとしては、「疫癘神　加藤清正の手形」というものがある。これを門柱に貼っておけば、疫病を除けることができるというのだ。ここで言う疫病もコレラに違いない。

さらに、これもやはり安政5年のものだが、「ゑきれいよけ」というものがあった。

その絵には、老翁の姿をとった大井大明神少彦名命《すくなびこなのみこと》の姿が描かれ、「千はやふる御もすそ川（五鈴川）のなかれ汲　人にはよるなえきれいの神」の歌が添えられている。疫病に襲ってくれるなというのだ。

少彦名命は神話に登場する神で、古事記では大国主の国造りを途中まで手助けしていたが、途中でどこかへ去ってしまったとされている。

少彦名命は古来から医薬の祖として信仰されてきた。薬の町である大阪市の道修町には少彦名命を祀る少彦名神社がある。その点では、少彦名命が疫病が流行した際に登場するのは当然のことである。

もう一つ、東京都台東区の熱田神社が所蔵する「陰陽丸」という大太刀は、安政5（1858）年のコレラ流行の際に、疫病を祓うため、町内を巡行した。神輿や獅子頭が巡行するということは、ほかの町内でも行われたらしい。

こちらは、コレラではなく疱瘡にかかわるものだが、福島県会津地方の郷土玩具

左:少彦名神社(大阪市)で授与される「福虎」 右:福島県会津地方の郷土玩具「赤べこ」 Hideki Yoshihara／Aflo／ゲッティイメージズ

「赤べこ」は、疱瘡除けの効果を期待されたものだった。赤は疱瘡の発疹を意味するわけだが、赤べこのからだの斑点は、疱瘡の痕を示している。

赤べこには、さまざまな伝説がある。その一つは、大同2(807)年に、徳一大師という僧侶が福島県柳津町の福満虚空蔵堂を建立した際、重い材料を黙々と運ぶ赤い牛がいたが、完成する前夜に、その牛が石になって守り神になったというものである。

この牛の供養のために、赤べこの張り子人形が作られた。会津地方で疱瘡が流行したときには、その張り子人形を持っていた子どもたちは病気に罹らなかったというのである(「【みちのく昔話　伝説を訪ねて】赤べコ(福島・会津地方)」

『産経新聞』２０１４年９月５日）。

ここに登場する徳一大師は、法相宗の僧侶で、天台宗の開祖である最澄と激しい法論を展開したことで知られる。徳一が開いた寺院の多くは大同２（８０７）年に建立されたとされており、徳一にまつわる伝説の一つということになるだろう。

同種の疱瘡除けとしては、きぶな（黄鮒）という栃木県宇都宮市の郷土玩具がある。頭は、やはり疱瘡を意味しているのだろう赤く、からだは黄色で、尾っぽが緑である。

これにも伝説がある。

昔、疱瘡が流行したとき、市の中心部を流れる田川で黄色いフナが釣り上げられた。それを子どもたちに食べさせたところ、たちまち疱瘡が治ったというのである（「無病息災の飾り『黄ぶな』脚光　〝アマビエ〟だけじゃない…宇都宮の伝説」『毎日新聞』２０２０年４月24日）。

こちらは、神社から授与されるものだが、「犬子ひょうたん」というものもある。その神社とは、熊本県山鹿市山鹿に鎮座する大宮神社の境内社、八坂神社である。これは、京都の八坂神社を勧請したもので、疫病除けが目的だった。

その八坂神社の例大祭が犬子ひょうたん祭で、毎年6月15日に行われる。犬子ひょうたんは米粉で作られているが、そこにも伝説がある。

八坂神社から勧請したのは疫病が流行した江戸時代中期のことで、京都からの帰り、一行に子犬がついてきた。その子犬に、ひょうたんからお神酒をそそいで飲ませると、神事の後、その姿が見えなくなった。それで疫病が途絶えたというのである(「子犬のお守りで『コロナ鎮静』 疫病よけの神社が祈願祭―熊本」『時事通信』2020年4月27日)。

アマビエがコロナ・ウイルスの流行によって改めてクローズアップされたように、各地の疫病除けが次々と発掘されている。

もちろん、科学が発達することによって、現代においては流行病の仕組みが明らかになり、医療の面でも、対応策が次々と示されるようになってきた。

しかし、コロナ・ウィルスの例に見られるように、ワクチンが開発されていない段階では、社会不安は著しく増大する。いったいこれからどうなるのか、不安ばかりが募る状況が生まれるのである。

そうした状況におかれてみると、昔の人々が疫病除けに頼った気持ちも理解できる。彼らは、疫病の正体がわからないなかで、それを神としてとらえ、祀った。あるいは、もてなして、もとの世界へ戻ってもらおうとしたのである。

疫病除けが実際に効果があったとは思えない。だが、疫病は一定の期間流行すると、しだいにおさまっていくので、当時の人々は効果があったと考えたのかもしれない。

そうした経験をすれば、次に同じような流行が起こったときに、疫病除けに頼れば、いつかは疫病は鎮まってくれるのだと期待することができた。そこには、人心を落ち着かせる心理的な効果があった。

今回のコロナ・ウィルスの流行によって、アマビエを筆頭に疫病除けに改めて注目が集まった。けれども、現代の人間は、アマビエなどにウィルスの流行を押し止めてくれる力を期待するというよりも、そのキャラクターの可愛さに魅了されたように見える。

その一方で、現代は情報社会であるがゆえに、ウィルスに関して、そしてその流行についてさまざまな情報があふれ、そのなかには、デマや不確かなものも数多く含まれていた。

専門家の発言にしても、ウィルスが未知のものであるために、必ずしも正確とは言えない。専門家は、いかなる場合でもそうだが、最悪を想定し、その上で発言する傾向がある。警告を発しなければならないことを自らの使命とするからでもあるが、そこには、社会的な影響力を発揮したいという一種の名誉欲も働いている。

しかも、発言は、さまざまなメディアによって切り取られ、加工され、発言者が意図したものとは異なる形で受手に伝えられていく。記事の場合なら、どういう見出しをつけるかで、受ける印象はまるで違う。

果たして私たちは、疫病、流行病に対する対応において、昔より進歩したと言えるのだろうか。それは、いささか心もとないように思えるのである。

ここは、角大師のお札でも貼って、それをじっくりと見つめてみたらどうだろうか。角大師が、コロナ・ウイルスに見えてくるだろうか。それとも、私たちのこころの奥底に潜んでいる死への恐怖が姿を現してくるのだろうか。

あるいは、もっと別のどす黒いものが現れてくるかもしれない。

疫病除けは、私たちのこころを映す鏡でもあるのではないだろうか。

あとがき

コロナ・ウイルスでは世界中で多くの方が亡くなり、日本もその例外ではなかった。著名人のなかにも死者が出た。岡江久美子さんもその一人である。

私にとって、岡江さんは、「はなまるマーケット」の司会者である。それは、私だけではなく、多くの視聴者が思うことだろう。

「はなまるマーケット」は1996年9月から始まった。これを放送したTBSは、前年のオウム真理教の事件で批判を受け、「脱ワイドショー」を宣言した。それで始まったのが「はなまるマーケット」だった。

私は、ワイドショーなどでバッシングを受けたこともあり、大学を辞めざるを得ない状況に立ち至った。辞めたのは1995年11月末だった。

辞めてから、10年近くほとんど仕事がない時代が続くのだが、その分暇だった。それで、朝は「はなまるマーケット」を毎日見ていた。ワイドショーなど見たくなかったからだ。

そして、大学を辞めてから8年目に大病をした。甲状腺機能亢進症と十二指腸潰瘍を併発したのだ。入院生活は40日間に及び、そのなかで、10日間は、治療のためだが、意識のない状態を経験した。

幸い、そんな状態から生還できたのだが、意識を回復し、回復がはっきりした段階で、担当の医師から、もし感染症を併発していたら命の危険もあったと言われた。

岡江さんは、乳癌を患い、放射線治療を受けていて、免疫力が落ちていた可能性があると言われる。私は、そのことを聞いて、あの時自分の命も危うかったのだと改めて感じた。

もう一人、コロナ・ウイルスの感染で亡くなられたのは、コメディアンの志村けんさんである。志村さんは、ザ・ドリフターズのメンバーで、伝説的な番組、『8時だョ！全員集合』を通して、お茶の間の人気者になった。

志村さんの場合には、かなりのヘビースモーカーで、2016年には肺炎で入院している。タバコはそれでやめたというが、おそらく、それが今回影響したのであろう。

志村さんの代表的なキャラクターに「バカ殿様」がある。これは、歌舞伎の「一条大蔵譚」の主人公、一条長成をモデルにしたものである。

今が江戸時代であれば、次に疫病が流行したとき、バカ殿様が護符として疫病除けに貼り出されるかもしれない。厄はすべて、亡くなったバカ殿様が引き受けたというわけである。

岡江久美子さんと志村けんさんの御冥福をお祈り申し上げる。

2020年5月

島田裕巳

主な参考文献（登場順）

川喜田愛郎『近代医学の史的基盤』上・下巻　岩波書店
岩崎陽子『王都妖奇譚』秋田書店
山田恵諦『元三大師』第一書房
山本ひろ子『異神』上・下巻　ちくま学芸文庫
夏井いつき『絶滅寸前季語辞典』ちくま文庫
高嶋哲夫『首都感染』講談社
Dean Koontz, "The Eyes of Darkness", Berkley
Sylvia Browne,"End of Days: Predictions and Prophecies About the End of the World", Berkley
『国宝三井寺展』図録 サントリー美術館
原田信男『義経伝説と為朝伝説－日本史の北と南』岩波新書

『元亨釈書』
『日本三代実録』
『祇園社本縁録』
『祇園社記』
『平家物語』
『祇園牛頭天王御縁起』
『釈日本紀』
『伊呂波字類抄』
『日本書紀』
『二十二社註式』
『往生要集』
『源氏物語』
『新形三十六怪撰』
『武江年表』
『延喜式神名帳』
『都名所図会』
『園城寺伝記』
『吾妻鏡』
『義経記』

ブックデザイン――坂本龍司（cyzo inc.）
イラストレーション――高松啓二
（角大師／降魔大師／豆大師／牛頭天王／天刑星／虎狼狸／摩多羅神／源為朝）
編集協力――Neko_Jarashi
佐藤レイ子
立花律子（ポンプラボ）

疫病退散
日本の護符ベスト10

２０２０年９月10日　第１刷発行

著者　島田裕巳

編集・発行人　穂原俊二

発行所　株式会社サイゾー
〒１５０-００４３　渋谷区道玄坂１-１９-２-３Ｆ
ＴＥＬ０３-５７８４-０７９０
ＦＡＸ０３-５７８４-０７２７

印刷・製本　中央精版印刷株式会社

ISBN 978-4-86625-129-5 C0014